JN154448

平成はなぜ失敗したのか

「失われた30年」の分析

野口悠紀雄
YUKIO NOGUCHI

幻冬舎

"Now, here, you see, it takes all the running you can do, to keep in the same place. If you want to get somewhere else, you must run at least twice as fast as that!"

—— Lewis Carroll, *Alice Through the Looking - Glass*

「ご覧。同じ場所に留まるには、一所懸命に走らねばならぬのじゃ。もし別の場所に行きたいのなら、その倍の速さで走らねばな！」

—— ルイス・キャロル『鏡の国のアリス』より

（野口悠紀雄 訳）

はじめに

本書は、平成の時代を、主として経済の面から振り返って記述したものです。

この時代において、私たちの世代は、50歳代から70歳代を経験しました。そして、すぐ上の世代とともに、世の中を動かすようになったのです。

昭和までの時代の経済史に登場する人物は、私が書物でしか知らない人々がほとんどで、面識のある人は希《まれ》にしかいません。

それに対して、平成時代の経済史では、登場する人々の中に私が直接間接に関係のある人たちが大勢います。

その意味で、平成経済史は、資料とデータの分析だけから作られるものではなく、身の回りに起こった事件の描写でもあるのです。

私たちの世代は、上の世代が築き上げた日本社会を、世界の動きに合わせて変えていく責任を負っていました。

程度の差こそあれ、私たちは、社会の動向に影響を及ぼしうる立場にいたのです。少なくとも有権者であったわけですから、政治上の選択に無関係ではありません。

したがって、私たちの世代は、「責任を果たしたか？」と自問する必要があります。われわれは、前の世代が遺《のこ》した遺産を引き継いで、それを発展させることができただろうか？

残念ながら、それに失敗したと言わざるをえません。

この30年間を一言で言えば、世界経済の大きな変化に日本経済が取り残された時代であったからです。平成時代を通じて、日本経済の国際的な地位は継続的に低下しました。

ここで重要なのは、「努力したけれども取り残された」のではなく、「大きな変化が生じていることに気がつかなかったために取り残された」ということです。改革が必要だということが意識されず、条件の変化に対応しなかったのです。

変化が激しい世界では、同じ場所に留《とど》まるためにも走り続けなければなりません。走らなかった日本は、同じ場所に留まれませんでした。エピグラフに引用した赤の女王の予言のとおりでした。

マーティン・メイリアは、『ソヴィエトの悲劇』（草思社、1997年）で、「ロシアは70年間の悲惨な出来事による廃墟《はいきょ》のど真ん中で、悪夢から覚めた」と書いています。

日本人も似たような経験をしました。幸いにして廃墟にはなっていませんが、気がついてみたら、周りの情景はすっかり変わっていたのです。

しばしば「失われた20年」とか「失われた30年」と言われます。平成の時代は、まさにそうした時代であったと言わざるをえません。

その意味で、本書は、私たちの世代の失敗の報告書であり、反省の書だということになります。

日本を変えてゆく課題を、私たちは将来の世代に託さざるをえません。その意味で、本書は、私たちの世代から将来の世代に向けての引き継ぎの書でもあります。


平成の時代が終わることから、平成回顧ブームが起き、多くのメディアが「平成を振り返る」という特集を組んでいます。

振り返るのであれば、過去を懐かしむだけでなく、なぜ平成が日本にとっての失敗の時代になってしまったのか、その原因を明らかにすることが重要です。それによって、平成回顧ブームを意味あるものにすることができるでしょう。

本書は、このような観点から、平成時代の経済を分析し、重要な選択の局面において、本当はどうすべきだったかを考えることにします。

それらを、いまの日本経済が抱える問題との関連で取り上げます。そして、将来に向かって日本が何をなすべきかを検討します。

本書では、主として日本の経済について述べますが、それだけでなく、世界経済についても言及します。とくに中国の変貌と成長が重要な関心事です。


本書の中心は、経済分析です。

とはいえ、平成の30年間を思い出せば、さまざまな感慨に囚《とら》われます。時代の大きな変化に翻弄《ほんろう》されて、人生が大きく変わってしまった人々が、私の周りにも大勢います。

また、逝去者といえば、それまではわれわれよりずっと上の世代の人たちだったのですが、それが、先生方や直接の上司だった人となり、さらには私と同世代の人たちや友人たちになってきました。人間の死が身近な出来事になってきたのです。

私のライフスタイルも、ずいぶん変わりました。本書では、私の個人的な思い出も述べています。

本書は、経済の直接の関係者に限らず、広く多くの読者に読んでいただくことを想定しています。このため、経済の専門用語を用いずに記述します。どうしても専門用語が必要な場合には、説明を加えます。

平成の時代を経済面から見れば、大きく3つの期間に分けることができます。

第1期は1990年代で、バブル崩壊によって日本経済が痛手を受け、それまで日本経済を支えてきた金融機関が崩壊した時代です。これを、第1章から第3章で述べます。

第2期は、2000年頃から10年頃までの約10年間です。この期間に円安が進み、日本経済は回復しました。しかし、これは偽りの回復でした。実際、08年のリーマン・ショックによって回復過程は急激に終焉《しゅうえん》し、日本の輸出産業は大打撃を受けました。これを、第4章から第6章で述べます。

第3期は11年以降です。これを、第7章から第9章で述べます。

各章の概要は、つぎのとおりです。

「第1章　日本人は、バブル崩壊に気づかなかった」では、1990年の初めから、株価が下落を始め、企業利益などの経済指標が悪化に転じたことを述べます。それにもかかわらず、多くの日本人は、日本経済の変調に気がつきませんでした。一般には、バブル崩壊は95年頃と考えられています。

「第2章　世界経済に大変化が起きていた」では、80年代末から90年代にかけて、世界が大きく変貌したことを述べます。ベルリンの壁が89年11月に崩壊。ソ連が91年12月に崩壊。そして、中国の工業化が本格化しました。また、ＩＴ革命が第2段階に入り、インターネットが普及しました。製造業において、水平分業という新しい生産方式が広がりました。ＩＴの進歩で、私の仕事の環境も、大きく変わりました。

「第3章　90年代末の金融大崩壊」では、90年代の後半に、不動産バブル崩壊に伴う不良債権問題が顕在化したことを述べます。

それまで「絶対に潰れることはない」と誰もが信じていた日本の金融機関が、つぎつぎに不良債権の重みで経営破綻《はたん》しました。90年代の後半には、末世的雰囲気が日本を包みました。

「第4章　2000年代の偽りの回復で改革が遠のく」では、03年1月から04年4月にかけて政府・日銀による大規模な為替介入がなされ、これによって円安が進行したことを述べます。「心地よい円安」ということが言われました。輸出主導の経済回復が実現し、日本経済がやっと回復したと多くの人が感じました。しかし、これは一時的で偽りのものに過ぎなかったのです。

また、製造業の国内回帰が生じ、テレビの大規模工場などが建設されましたが、これは、製造業で進行していた世界的な傾向に逆行するものでした。この時期に、私はアメリカで1年間を過ごしましたが、外から日本を見ていると、日本の立ち後れがよく分かりました。

「第5章　アメリカ住宅バブルとリーマン・ショック」では、アメリカで生じた異常な住宅価格のバブルについて述べます。これが、円安・住宅価格・自動車が結合した複合バブルであったことを説明します。このメカニズムは、持続可能なものではありませんでした。バブルは崩壊し、08年にリーマン・ショックが生じました。

「第6章　崩壊した日本の輸出立国モデル」では、アメリカ住宅バブルの崩壊が日本経済に与えた影響について述べます。アメリカ住宅ローン証券化商品の破綻により、アメリカの消費需要が激減し、円高が進行しました。このため、日本の輸出が激減し、輸出立国が終焉しました。「輸出依存型成長」は、日本経済に対する本当の解決策ではなかったのです。

この落ち込みからの回復をもたらしたのは、第1には中国が行なった大規模な経済対策であり、第2には日本政府が行なった製造業救済政策でした。このため、民間企業の政府依存が強まり、人々の考えの中でも、政府に依存する度合いが強まったことが問題です。また、日本経済は構造を転換することができませんでした。

「第7章　民主党内閣と東日本大震災」では、大震災で日本の貿易収支が大激変したこと、期待を背負って登場した民主党政権が、日本の経済構造を何も改革できなかったことを指摘します。また、ユーロ危機で円高が進み、株価が下落したことを述べます。

「第8章　アベノミクスと異次元金融緩和は何をもたらしたか？」では、異次元金融緩和政策はマネーを増やさなかったこと、円安が進んだ理由、追加緩和とマイナス金利の導入などについて述べます。そして、アベノミクスは賃金、消費を増やしてはおらず、金融緩和からの出口がきわめて困難な課題であることを指摘します。

「第9章　日本が将来に向かってなすべきこと」では、今後の日本経済が抱える問題を考えます。課題としては、1．労働力不足への対処、2．人口高齢化による社会保障支出の増大への対処、3．中国の成長などの世界経済の構造変化への対処、4．ＡＩ（人工知能）などの新しい技術への対処、があります。こうした問題に対処するためには、既得権の打破が重要な課題です。

本書の刊行にあたって、幻冬舎の四本恭子氏にお世話になりました。御礼申し上げます。

２０１８年11月

野口悠紀雄

平成を振り返るための年表

この年表を使って自分史を書きましょう

自分史を書くのは楽しい作業です。

1. まず、「自分史記入欄」に、年齢、学年・職場、家族を記入してください。

2. 「自分史記入欄」に記入したことと、「日本と世界で起きたこと」を参照して、そのときのことを思い出してください。それを「自分史記入欄」の「できごと」に記入してください。ニュースと関連づけることによって、記憶がよみがえってくるはずです。

3. そのためのサポートページを作りました。下のQRコードにスマートフォンのカメラを向け、サイトを開いて活用してください。

西暦年	平成年次	月/日	日本と世界で起きたこと
1989	元	1/7	**天皇崩御、皇太子が新天皇に即位**
		1/20	**ジョージ・ブッシュ（父）が米大統領に就任**
		4/1	**消費税スタート**
		6/3	**宇野宗佑内閣発足**
		6/3	天安門事件
		6/4	ポーランド、初の自由投票で自主労組「連帯」が完勝
		8/10	**海部俊樹内閣発足**
		9/27	ソニー、米映画会社コロンビアの買収を発表
		11/10	**ベルリンの壁が崩壊。冷戦終了**
		12/22	ルーマニアのチャウシェスク政権崩壊
		12/29	**東証平均株価、3万8915円の史上最高値**
1990	2	2/4	大蔵省が不動産融資規制
		8/2	イラク軍がクウェートに侵攻
		10/1	東証株価、2万円を割る
		10/3	**ドイツ再統一**
		11/22	イギリスのサッチャー首相が辞任
		12/9	ポーランド大統領選で「連帯」のワレサ議長が圧勝

自分史記入欄	1989	1990
年齢		
学年・職場		
家族		
できごと		

1991	3	1/17	**多国籍軍がイラク軍に攻撃開始。「砂漠の嵐作戦」**
		4/1	東京都庁が新宿副都心に移転
		5/15	ジュリアナ東京オープン
		6/27	四大証券損失補塡発覚
		7/10	ロシア共和国大統領にボリス・エリツィンが就任
		7/23	大阪地検がイトマンの河村良彦前社長らを逮捕
		8/20	ソ連のエストニア共和国が独立を宣言。21日ラトビア共和国も
		8/24	ゴルバチョフ大統領がソ連共産党書記長を辞任
		11/5	**海部内閣総辞職。宮沢喜一内閣発足**
		12/25	**ゴルバチョフ・ソ連大統領が辞任。ソ連消滅を宣言**
1992	4	1/8	来日したブッシュ米大統領が夕食会で気分が悪くなって退席
		7/25	**第25回オリンピック・バルセロナ大会**
		8/10	日経平均株価が１５０００円を割り込む
		10/30	大蔵省が都市銀行など21行の不良債権額が9月末で12兆３０００億円と発表
1993	5	1/20	**ビル・クリントンが米大統領に就任**
		6/18	宮沢喜一内閣不信任案を可決。衆院解散

西暦年	平成年次	月/日	日本と世界で起きたこと
1993	5	7/16	横浜ランドマークタワーが開業
		8/9	**細川護煕連立内閣発足**
		11/1	**EU(欧州連合)が発足する**
1994	6	4/28	**羽田孜内閣発足**
		6/27	オウム真理教による松本サリン事件発生
		6/30	**村山富市内閣発足**
		7	リゾート施設初島クラブがオープン
		9/4	関西国際空港開港
1995	7	1/17	**阪神・淡路大震災**
		3/20	**オウム真理教による地下鉄サリン事件発生**
		8/24	Microsoft Windows 95 が発売される
		12	東京協和・安全信組事件
1996	8	1/11	**橋本龍太郎内閣発足**
		6	住宅金融専門会社に6850億円の公的資金を投入
		6/6	三井住友銀行発足
		7/19	**第26回オリンピック・アトランタ大会**
1997	9	4/1	**消費税増税(3%から5%に)**
		4/1	ヘールボップ彗星再接近

自分史記入欄

	1993	1994	1995	1996	1997
年齢					
学年・職場					
家族					
できごと					

西暦	平成	月日	出来事
		11/3	三洋証券破綻
		11/17	北海道拓殖銀行が営業権を北洋銀行に譲渡すると発表
		11/24	**山一證券が自主廃業を決める**
1998	10	4/1	日本銀行法施行
		7/30	**小渕恵三内閣発足**
		10/12	金融再生法が成立
		10/16	金融早期健全化法が成立
		10/23	**日本長期信用銀行を特別公的管理・国有化**
		12/13	日本債券信用銀行を公的管理・国有化
1999	11	3/3	日本銀行、ゼロ金利政策実施
		7/10	スター・ウォーズ エピソード1が日本公開
		12/31	ロシアのエリツィン大統領が辞任。代行にプーチン首相を指名
2000	12	3/26	ロシア大統領選でプーチン大統領代行兼首相が当選
		4/1	**介護保険制度スタート**
		4/5	**森喜朗内閣発足**
		9/15	**第27回オリンピック・シドニー大会**
		11/20	加藤紘一議員ら「加藤の乱」
2001	13	1/6	中央省庁再編により、大蔵省は財務省に改称される

西暦年	平成年次	月/日	日本と世界で起きたこと
2001	13	1/20	**ジョージ・W・ブッシュが米大統領に就任**
		3/19	日銀が量的金融緩和策を開始
		4/26	**小泉純一郎内閣発足**
		9/11	**米同時多発テロが発生**
		10/23	iPodが発表される
2002	14	1/1	**欧州12カ国で単一通貨「ユーロ」流通開始**
		4/1	みずほ銀行発足
		11/15	**胡錦濤が中国共産党総書記に選出される**
		12/1	東北新幹線（盛岡駅以北）開業
2003	15	3/20	**米軍がバグダッドの拠点を攻撃、地上戦に突入（イラク戦争開始）**
		9/17	政府が、りそなグループに公的資金を注入することを決定
		12/13	イラクのサッダーム・フセイン元大統領を米軍が逮捕
2004	16	1/2	為替介入が大規模化する
		3/13	九州新幹線（鹿児島ルート）開業
		8/13	**第28回オリンピック・アテネ大会**
		8/19	グーグルが株式公開（IPO）

自分史記入欄

	2001	2002	2003	2004	
年齢					
学年・職場					
家族					
できごと					

2005	17	1/31	SBCがAT&Tの買収を発表
		4/25	JR福知山線で列車脱線事故が発生。乗客と運転士合わせて107名が死亡
		8/8	小泉純一郎首相が衆議院を解散
		11/22	メルケルが第8代ドイツ連邦首相に就任
2006	18	1/1	東京三菱銀行とUFJ銀行が合併、三菱東京UFJ銀行発足
		3/9	日銀が量的緩和策を終了
		9/26	**安倍晋三内閣発足**
		12/30	フセイン死刑執行
2007	19	2/9	トヨタ、営業利益2兆円突破
		6/29	iPhoneがアメリカで発売される
		8/22	米大手証券ベアー・スターンズでサブプライムローン問題が顕在化
		9/26	**福田康夫内閣発足**
2008	20	1/1	後期高齢者医療制度スタート
		8/8	**第29回オリンピック・北京大会**
		9/15	**米大手証券会社、リーマン・ブラザーズが経営破綻**
		9/24	**麻生太郎内閣発足**
		10/3	米政府「金融安定化法」による公的資金7000億ドル注入を決定
		11/1	FRB(米連邦準備制度理事会)がQE1を導入

西暦年	平成年次	月/日	日本と世界で起きたこと
2009	21	1/15	USエアウェイズ1549便が、ニューヨークのハドソン川に不時着水
		1/20	**バラク・オバマが米大統領に就任**
		7/22	トカラ列島などで皆既日食
		8/3	東京地方裁判所で裁判員制度による最初の公判
		8/30	第45回衆議院選挙で民主党が大勝し政権交代へ
		9/16	**鳩山由紀夫内閣発足**
		10/5	ギリシャの政権交代で財政赤字が公表数字よりも大きいことが発覚
2010	22	1/19	日本航空、会社更生法適用申請
		6/8	**菅直人内閣発足**
		11/2	FRBがQE2を導入
2011	23	3/11	**東日本大震災**
		5/2	オバマ大統領は、アルカイダの指導者ウサマ・ビンラディンを殺害したと発表
		7/24	アナログ放送終了、地上デジタル放送へ完全移行
		9/2	**野田佳彦内閣発足**

自分史記入欄

	2009	2010	2011	
年齢				
学年・職場				
家族				
できごと				

2012	24	5/18	フェイスブックが株式公開(IPO)
		7/27	**第30回オリンピック・ロンドン大会**
		9/6	ECB(欧州中央銀行)が南欧国債の無制限購入を決定
		9/12	FRBがQE3を導入
		10/30	日銀が追加金融緩和を決定
		11/15	**中国中全会において習近平が中央委員会総書記に選出**
		12/26	**安倍晋三内閣発足**
2013	25	2/25	韓国大統領に朴槿恵が就任
		4/3	**日銀が異次元金融緩和を導入**
		9/8	2020年夏季五輪の東京開催が決定
2014	26	1/30	小保方晴子と笹井芳樹らが、STAP細胞を発見したとして論文をネイチャーに発表
		4/1	**消費税率を5%から8%に引き上げ**
		6/20	原油価格がこの日をピークとして大幅下落
		10/29	FRBが金融緩和終了を決定
		10/31	日銀が追加金融緩和を決定
2015	27	1/22	ECBが量的緩和(QE)を決定
		5/8	東芝不正会計が発覚

西暦年	平成年次	月/日	日本と世界で起きたこと
2015	27	9/2	東京五輪の公式エンブレムのロゴデザインが撤回される
		9/17	チリ中部沖でM8・3の地震が発生
		11/13	パリ同時多発テロ事件発生
2016	28	3/26	北海道新幹線開業
		4	シャープが台湾の鴻海（ホンハイ）精密工業の傘下に入ることが決まる
		4/14	熊本県でマグニチュード6・5の地震が発生
		4/16	熊本県でマグニチュード7・3の地震が発生
		5/26	第42回先進国首脳会議（G7サミット）が、伊勢志摩で開催
		6/23	イギリスのEU離脱是非を問う国民投票が実施され、離脱支持票が過半数
		7/10	参院選、自公と維新の改憲3党が3分の2に迫る
		7/13	イギリスでデーヴィッド・キャメロンが退陣し、第76代首相にテリーザ・メイが就任
		7/31	東京都知事選挙で小池百合子が当選
		8/5	**第31回オリンピック・リオデジャネイロ大会**
		8/12	東芝、不正会計問題に続き、米ウエスチングハウスの巨額損失が発覚

自分史記入欄	2015	2016
年齢		
学年・職場		
家族		
できごと		

西暦	平成	月日	出来事
		11/9	アメリカ大統領選挙でドナルド・トランプが当選
2017	29	1/14	豊洲市場の地下水に環境基準を上回る有害物質が検出されたことが判明
		1/20	**バラク・オバマ米大統領任期満了。ドナルド・トランプが就任**
		2/13	北朝鮮の金正恩朝鮮労働党委員長の異母兄、金正男がマレーシアで殺害
		3/23	国会で森友学園理事長・籠池泰典に対する証人喚問
		4/6	ドナルド・トランプ大統領と習近平国家主席による米中首脳会談
		5/7	フランス大統領選挙でエマニュエル・マクロンが当選。14日に大統領就任
		5/9	朴槿恵・前大統領の罷免に伴う韓国大統領選挙で、文在寅が勝利。5月10日に大統領に就任
		7/31	森友学園前理事長の籠池泰典と妻の諄子を逮捕
		8/29	北朝鮮、平壌近郊の順安から弾道ミサイル1発が発射され、北海道襟裳岬東方の太平洋上に落下
		9/29	日産自動車で、資格のない担当者による検査が発覚
		10	秋頃から仮想通貨のバブルが発生
		12/1	**天皇陛下の退位日を2019年4月30日に決定**

西暦年	平成年次	月/日	日本と世界で起きたこと
2018	30	1/26	仮想通貨取引所のコインチェックから仮想通貨NEMが流出
		6/12	ドナルド・トランプ米大統領と北朝鮮の金正恩委員長がシンガポールで合意文書に署名
		6/28	平成30年7月豪雨が発生
		7/6	オウム真理教事件に関与した死刑囚13人のうち、麻原彰晃を含む7人の死刑が執行
		9/4	台風21号が上陸。関西国際空港が高潮による浸水のため運休
		9/6	北海道胆振地方を震源とするマグニチュード6・7の地震が発生
		9/20	自民党総裁選。安倍晋三総裁が石破茂元幹事長を破り3選
		10/6	築地市場が83年の歴史に幕。10月11日からは豊洲市場に移転
		10/22	探査機「はやぶさ2」が分離した探査ロボットが小惑星「リュウグウ」に着陸

自分史記入欄	
年齢	
学年・職場	
家族	
できごと	

目次／平成はなぜ失敗したのか

はじめに 001

平成を振り返るための年表 009

第1章 日本人は、バブル崩壊に気づかなかった

1 1980年代に日本の国際的な地位が高まる 034

日本こそが世界経済の中心になる 034／地価と株価のバブルが起こる 036／海外の土地も買いあさる 037／ゴルフ場開発が錬金術になった 038

2 バブルが崩壊したが、二日酔いから覚めず 040

90年代初めに、日本経済は天井に突き当たった 040／日本人は変化に気づかなかった 043／百貨店外商ビジネスのバブルは続く 044／「日本はアメリカより強い」 046／平成は失敗の時代となった 047

3 為替レートが歴史的な円高になる 049
円高ショック 049／円高で消費者は豊かになったが、企業利益は落ち込む 052／
円安になったが、アジア通貨危機で円高に 053
4 『複合不況』論の誤り 054
「貸し渋りが原因」とした複合不況論 054／原因は金融面でなく、実体経済にあった 055／
東京大学に先端経済工学研究センターを作る 056

第2章
世界経済に大変化が起きていた

1 社会主義国が崩壊した 060
ベルリンの壁がなくなる 060／ソ連が崩壊した 061／
旧東ドイツで社会主義の生産性の低さを見る 063／憧れのワイマールやドレスデンを訪れる 064
2 中国が工業化した 066
国有企業の改革 066／新しい企業が誕生した 068／中国の工業化が始まるのを目撃する 070／
日本は新興国の工業化にどう対応すべきだったか？ 071

3 IT革命の第2段階が進展する 073
インターネットの登場と普及 073／私の情報環境も変化した 074／
『「超」整理法』を出版する 076／インターネットに対する考えを変える 077

4 製造業が垂直統合から水平分業へ 079
水平分業が新しいビジネスモデルに 079／格安パソコンは世界経済の構造変化の結果だった 081／
エレクトロニクス関連製品の輸入が急増 082／製造業で新興国と競争はできない 083／
金融政策では解決できない問題 084／大英博物館だったイギリスが復活した 086／
イギリスを復活させたのは、高度サービス産業 087／アメリカでも新しい産業が成長しつつあった 088

5 世界が変貌しつつあるさまを見た 090
壁が撤去されて美しい湖が現れた 090／「ドイツの時代」にならなかったのはなぜか？ 092／
円高の恩恵を満喫した海外旅行 093

第3章
90年代末の金融大崩壊

1 大企業や金融機関の不祥事件が顕在化した 096
イトマン事件で闇世界の勢力が姿を現す 096／二信組事件で大蔵官僚との関係が暴かれる 098／

住専処理で国会審議が大混乱 100

2 大蔵省スキャンダル 101

スキャンダルで大蔵省が権威失墜 101／大蔵省に対する社会の信任が完全に崩壊 102

3 山一破綻 104

膨らんだ含み損 104／営業特金、飛ばし、宇宙遊泳 105／自主廃業 106

4 長銀破綻 107

特権的組織の迷走 107／事業継続による不良債権隠し 109／万策尽きて国有化 111

5 国民が負った膨大な負担は正確に認識されていない 113

公的資金の投入で10兆円の国民負担 113／無税償却で法人税が39兆円減少 114／
一家計当たり平均192万円の負担 116／忘れられてはならぬことが、忘れられている 117／
米英では金融業の大変革があった 119

6 スケープゴートにされた人たち 120

誰かをスケープゴートにする不条理な日本社会 120／第一勧銀の元会長、宮崎邦次氏 121／
日本債券信用銀行の最後の会長、窪田弘氏 122

第4章

2000年代の偽りの回復で改革が遠のく

1 日本経済が大きく落ち込み、大規模為替介入へ 126
2003年、大規模為替介入が開始された 126／2004年に株価回復 127／2005年頃から円キャリー取引が始まる 128

2 時代の潮流に逆行する工場の国内回帰 129
輸出主導経済 129／工場が国内回帰した 131／円安は麻薬 132／日本の製造業から創造的側面が消えた 133／小泉改革とは何だったのか? 134

3 シリコンバレーで感じた日本の立ち遅れ 136
スタンフォードで1年間を過ごす 136／カリフォルニアから工場が消えていた 138／山手線内側の半分を超える広さのキャンパス 140／天国で暮らしている気分 143／インターネット社会が到来していた 144／中国からの留学生が急増する 147

第5章

アメリカ住宅バブルとリーマン・ショック

1　目の当たりにした住宅バブル　152
住宅価格バブルでお祭り騒ぎ　152／アメリカ全土に広がった住宅バブル　153／バブルかどうか、議論が分かれていた　154／値上がりをあてにしないと正当化できない価格　155／サブプライムローンとその証券化　157／モーゲッジ証券、MBS　158

2　住宅価格高騰でトヨタ車が売れた　159
トヨタ車がカリフォルニアを埋め尽くした　159／キャッシュアウト・リファイナンスの魔術　161

3　リーマン・ショック　163
リーマン・ショックが勃発　163／アメリカ金融危機の始まり　164／ベアー・スターンズを救済　165／株価が一時的に持ち直す　167／リーマン・ブラザーズは破綻、AIGは救済　168／投資銀行モデルの終焉　168／緊急経済安定化法が成立　169／アメリカ金融業は急速に回復　170／日本における不良債権処理は参考にならない　171／GAFA企業が成長しつつあった　173

第6章

崩壊した日本の輸出立国モデル

1 輸出立国の終焉 176

住宅バブル崩壊と日本の輸出激減 176／日本経済の実体は古いままだった 178／日本では危機意識が弱かった 179

2 中国の景気拡大策で日本の製造業が回復 180

中国の4兆元景気対策 181／対中輸出が顕著に増加 181／中国の緊急経済対策が地価高騰を招く 182／地方政府の不動産開発とシャドーバンキング 183

3 政府に依存するようになった製造業 184

雇用調整助成金やエコカー減税 184／民間企業が政府支援に依存するようになった 186

4 日本経済は構造を転換できず 187

脱工業化ができなかった 187／古いビジネスモデルに固執し続けた 189

5 リーマン・ショック後の世界的金融緩和とユーロ危機 190

アメリカの金融緩和策QE1とQE2 190／ユーロバブルとその崩壊：ユーロ危機 191

第7章

民主党内閣と東日本大震災

1 政権を取った民主党は、期待に応えたか？ 196
鳩山内閣の成立 196／事業仕分けはパフォーマンスに過ぎなかった 196／インターネットが広がり、情報環境がさらに変化する 198

2 東日本が無人地帯になる可能性があった 199
東日本大震災と福島原発の危機 199／日本は偶然によって生き延びた 200／日本経済に大きな影響 201

3 貿易赤字が拡大 203
輸出大国から輸入大国へ 203／投資立国への転換が必要 204

4 ユーロ危機で円高となり株価が下落 207
円高が進む 207／円高や海外移転は阻止すべきものか？ 208／三党合意から解散へ 209／世界的金融緩和競争 210

5 私たちの世代の2010年代 210
一個人が始めた奨学金 211／私の70歳代 213

第8章 アベノミクスと異次元金融緩和は何をもたらしたか？

1 異次元金融緩和はマネーを増やさなかった 216
異次元金融緩和政策で増加したのは「おカネのモト」だけ 216／マネーストックは増えなかった 217／円安はアベノミクスで生じたのではない 219／トランプ氏当選で円安に 221

2 追加緩和・マイナス金利導入も効果なし 221
原油価格の下落に対抗して追加緩和 221／金融政策の客観的な評価が必要 222／マイナス金利で経済は活性化できない 224

3 アベノミクスは、経済成長を実現できなかった 225
営業利益は、為替レートの変動によって振り回されただけ 225／賃金は上昇せず、消費は増えず 228

4 金融緩和からの出口は？ 230
世界が金融正常化に向かう中で、日本は緩和を継続 230／金利が上がると、日銀に巨額の含み損 232／国債を保有し続けても、日銀に巨額の損失 233／

金利が上昇すると、財政が破綻する 234

5 長岡實氏の思い出 236

官僚の中立性を守る 236／部下の信頼を獲得できたリーダー 237／70年代に、中期財政計画の試案作りを命じられる 238／やっと宿題を果たせた 241／長岡氏の周りの人々 241

第9章 日本が将来に向かってなすべきこと

1 日本が直面する問題は「デフレからの脱却」ではない 246

悪化した日本経済のパフォーマンス 246／デフレのためでなく、変化に対応しなかったために衰退した 247／日本が直面する3つの課題 248

2 労働力不足に対処する必要がある 250

若年者が減って、高齢者が増える 250／出生率引き上げは解にならない 251／労働力人口は現在より3000万人近く減少する 252／高齢者の就労促進 254／女性の労働力率を高められれば、労働力が約1000万人増加 256／人材の面で開国する必要がある 257／移民の問題に正面から向き合う必要 260

3 社会保障費増大にいかに対処するか 262

社会保障費が増加する 262／社会保障のための負担増は真剣に考えられていない 263／非現実的な仮定に立脚した楽観的見通し 264／社会保障の財源は消費税だけではない 266／人々は負担構造の明確化を求めている 267

4 世界経済の構造変化への対処 269

大きく変貌する中国 269／IT分野でのめざましい発展 270／中国の基礎研究力の向上 271／2040年には中国が世界一の経済大国に 272／

5 新しい産業の登場が鍵 275

世界が変わってしまった 275／新しい産業が必要 276／変化を阻止するもの 277／政府への依存から脱却する必要 279／日本にはユニコーン企業もない 280／規制が新しい技術の利用を妨げる 281／日本人はもっと海外に出るべきだ 283／「ベイズのアプローチ」を信じよう！ 285

図表一覧 288

索引 295

装丁　萩原弦一郎（256）
帯写真　山口貴弘
DTP　美創

第1章

日本人は、バブル崩壊に気づかなかった

1　1980年代に日本の国際的な地位が高まる

日本こそが世界経済の中心になる

平成に先立つ1980年代は、世界経済における日本の地位が著しく高まった時代です。70年代の石油ショックによって80年代の欧米諸国経済が見る影もなく沈滞する中で、日本の経済力はみるみる増大しました（少なくとも、そのように見えました）。

日本はGDP（国内総生産）でアメリカに次ぐ世界第2位の経済大国となり、世界経済の動向に大きな影響を与えるようになったのです。

85年には、「プラザ合意」がなされました。これは、為替レート安定化に関する国際的合意で、日本と西ドイツが協力してアメリカを助けようという政策です。日本は、世界経済の牽引《けんいん》役とみなされていたのです。

この時代に、欧米の経済学者、政治学者との共同研究プロジェクトがいくつも作られましたが、そのテーマは、いつも「なぜ日本経済はこのように強いのか」ということでした。私は、アメリカの地方都市などで講演する機会が何回もあったのですが、講演後に「日本企業に投資したいのだが、どこがいいか？」と聞かれたことがあります。90年に公開されたアメリカ映画「プリティ・ウーマン」に登場する辣腕の実業家は、日本への投資に血道を上げています。

80年代末にアメリカで刊行された*Made in America*（邦訳：『Made in America――アメリカ再生のための米日欧産業比較』草思社、１９９０年）は、「アメリカ企業も日本企業のようにならなければならない」と提言しました。

「日本こそが未来の世界経済の中心になる。なぜなら『日本型経済システム』は、欧米諸国のそれより優れているから」。欧米人も含め、多くの人が、このように考えていました。

「日本の企業では、経営陣と労働組合が対立しない。だから、労使紛争に明け暮れるイギリスでは望みえない高成長が実現できる。そして、日本の経営者は、日々の株価に一喜一憂しなくてもよい。だから、長期的な視点に立った経営ができる。株価から目が離せぬアメリカの企業が短期的業績だけを追い求めるのとは、わけが違う」。このような考えが、日本の経済学者、経営学者によって主張されました。海外の学者も、そうした意見に耳を傾けざるをえなくなったのです。

日本の一人当たりＧＤＰは、81年に西ドイツを、83年にイギリスを、87年にアメリカを抜きました。

統計の数字だけではありません。この頃のデトロイトに行ったことがありますが、市の中心部は崩れた建物だらけで、廃墟のようでした。また、アメリカから帰国すると、アメリカの道路がゴミだらけなのに、日本の都市の道路が綺麗《きれい》であることに感激しました。

「日本が世界一になった」というのは、統計上の数字だけでなく、日常生活でも実感できることになったのです。

地価と株価のバブルが起こる

1980年代後半に、不動産価格の異常な上昇が生じました。

公示地価の上昇がはっきりしたのは、86年からです。87年1月の公示地価で、東京圏の地価は23・8%上昇し、88年1月には65・3%の上昇率となりました。

東京都心から60キロ圏で、5億円以上の土地資産保有者が100万人を超える一方、新しく住宅を購入したい人にとっては、地獄の世界が現出しました。東京圏のマンション価格は、90年に年収の10倍を超え、都心部では20倍近くになりました。

後者の場合について、半分を借り入れで購入した場合の利子支払いを計算すると、年利5%として、年収の半分になります。首都圏では、集合住宅でさえ、一般の勤労者には手が届かないものになったのです。

いま振り返れば、これがバブルでしかなかったのは明らかです。しかし、その当時は、経済の実体的な変化によって引き起こされたものだと考えられていました。

「東京がアジアの金融中心地になる」と盛んに言われ、「東京にオフィスを持とうとする企業が世界中から殺到する。そうなれば、東京の土地の経済的価値はきわめて高くなる。だから、地価がいくら上がったところで当然だ」との考えを多くの人が持ちました。

88年には、政府の『国土利用白書』が、「東京圏を中心とする地価上昇は実需による」との見解を示しました。つまり、地価上昇は必然的なものだというお墨付きを政府が与えたのです。

株価も上昇しました。83年の平均で8800円であった日経平均株価は、87年10月に2万6600円になり、89年末の3万8915円に向けて上昇を続けていました。「6万円台になる」との予測さえありました。

日本の株式時価総額は、アメリカの1・5倍になり、世界全体の株式時価総額の実に45％を占めるに至りました。NTTの時価総額はAT&T、IBM、エクソン、GE、GMを合わせたものより大きくなり、野村證券の時価総額は、アメリカの証券会社全体より大きくなりました。いま振り返ると、信じられないようなことです。

海外の土地も買いあさる

日本資本は、アメリカの不動産も買いあさりました。

1986年には、第一不動産がニューヨークのティファニービルを記録的な高値で購入。89年には、三菱地所がロックフェラーセンターを買収しました。ハワイではホテルを、カリフォルニアではビルやショッピングセンターを買い占めました。アメリカの不動産に対する日本の投資は、85年には19億ドルでしたが、88年には165億ドルになるほどで、オーストラリアでも「ジャパンマネー」が土地を買いあさったのです。

アメリカで日本の土地問題について講演したとき、聴衆がくすくす笑っています。なんで笑うのかと講演後に聞いてみたら、「土地面積を平方フィートで表現したのがおかしい」と言うのです。彼らは言いました。「土地の面積は、エーカー（約4000平方メートル）で測るものだ」。

確かにそうです。私も、どの単位で表現したらよいのか迷ったのです。しかし、東京の地価をエーカーあたりで表現するのは、あまりに不自然に思えました。

ゴルフ場開発が錬金術になった

「日本銀行は1万円札までしか刷れないが、私は1億円札が刷れる」という言葉を吐いた人がいます。この人は、後に逮捕されたバブル紳士、高橋治則元イ・アイ・イ・インターナショナル（EIE）社長です。

EIEはリゾート開発会社であり、ゴルフ場開発を大規模に行なっていたのです。会員権販売額の約9割を預託金という形で集め、開発資金とします。ですから、手元に金がなくとも開発できます。同社が栃木県に開発したロイヤルメドウゴルフ倶楽部の場合、最初に450万円で販売した会員権は、最終的には3000万円にまで値上がりしました。

ゴルフ場と聞けば、銀行は簡単に融資してくれます。このため、開発許可が下りれば直ちに会員権の発売がなされます。ブームが過熱してくると、許可が下りていないゴルフ場計画に融資される場合もありました。こうなると、ゴルフ場開発は、いくらでも儲《もう》かる夢の錬金術ということになります。

この時期にゴルフ場開発に関わった企業としては、EIEやイトマンが有名ですが、それだけではありません。それまで地道に家業を続けてきた地方の名士も、ゴルフ場開発に乗り出すようになり、85年に1400だった日本のゴルフ場は、十数年間で2400になりました。

87年に成立した「リゾート法」がリゾート熱を煽《あお》り、開発ラッシュに拍車をかけました。土地の値上がりも株価の上昇も、バブルに過ぎなかったのです。

しかし、それに気づく人はいませんでした。そんなことより、投機競争に後れを取らないことが重要です。こうして、国を挙げての大狂騒劇が繰り広げられました。

この時代の経済力をもってすれば、日本人はもっと豊かな生活を実現できたはずです。しかし、バブルによって資源配分が歪《ゆが》んだため、それが実現せずに終わりました。

80年代後半の日本は、ソドムとゴモラの町より道徳的に退廃したのです。「バブル時代が懐かしい。再来を望む」と言う人がいます。なんと愚かな考えでしょう。私は怒りさえ覚えます。日本経済は、その後のバブル崩壊によって、大きな損害を被《こうむ》りました。神の鉄槌《てっつい》が振り下ろされたのは、当然のことです。

2 バブルが崩壊したが、二日酔いから覚めず

90年代初めに、日本経済は天井に突き当たった

1990年代の初めに、企業の売り上げも営業利益も大きく変調しました。日本経済は、このときに大きな屈折点を経験したのです。

株価について、90年（平成2年）が転換の年だったことは、よく知られています。

90年1月3日の日本経済新聞には、「堅調な景気や株式需給関係の良さを支えに、日経平均株価は年末に4万4000円前後へ上昇」という予測が出されていたのですが、翌日の大発会で、株価は全面安となりました。その日を境に、日本の株価はとめどもない下落に転じたので

図表1-1　TOPIX（東証株価指数）の推移

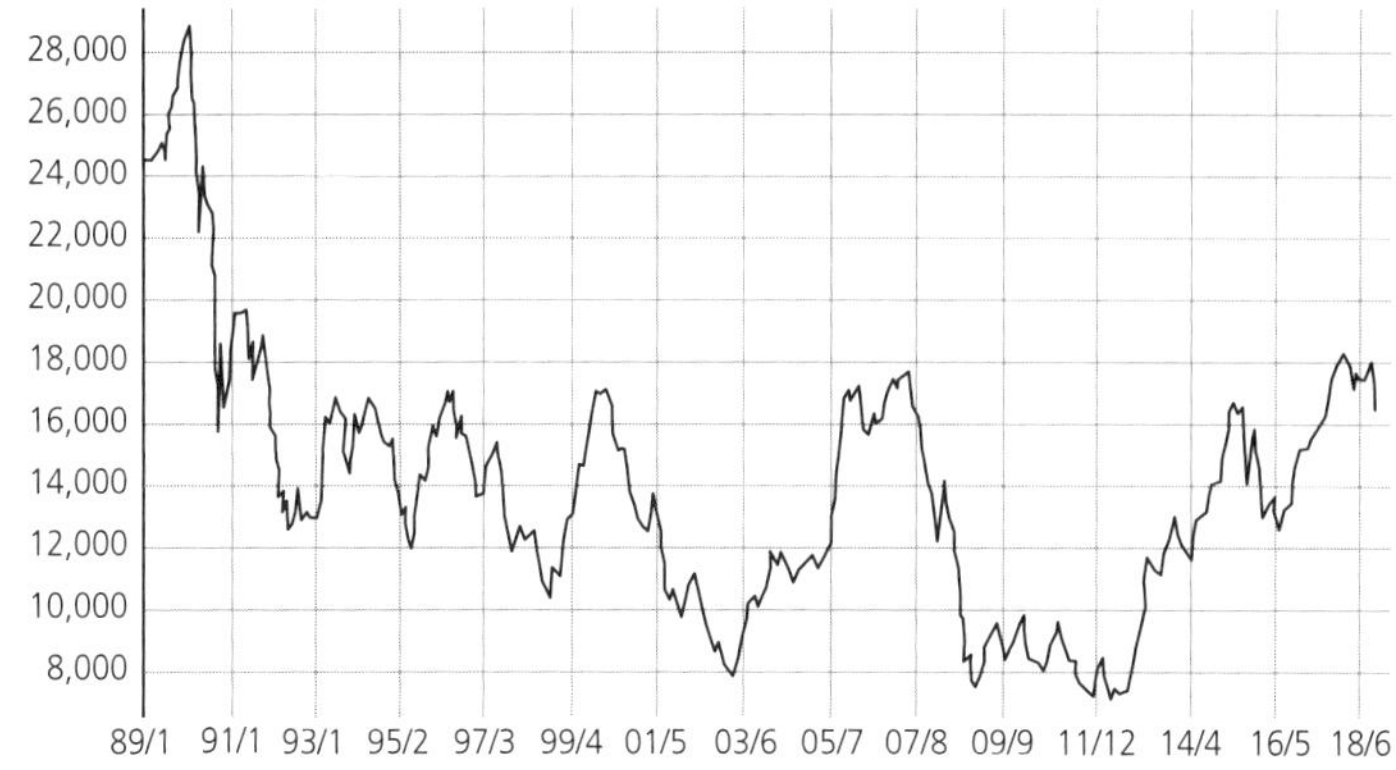

資料：東京証券取引所

す（図表１−１参照。なお、この図には、日経平均株価ではなく、東証株価指数を示してあります）。

地価も91年から下がり始めました。このため、後に不良債権処理が重要な課題となり、金融機関の経営が危機的な状態に陥ったのです。

ここで重要なのは、突然の変調は、金融や不動産に限られたものではなかったことです。企業の売上高や利益も、90、91年度に急に変調しました。

法人企業統計によって全法人の売上高を見ると、60年代後半から80年代末までは、急速な成長を続けてきました。70年度に２１４兆円であったものが、80年度に８２０兆円となり、90年度に１４２８兆円となりました。

ところが、91年度に突然天井に突き当たって、急増加は止まったのです（図表１−２参照）。

その後、95年度には１４８５兆円、２０００年

図表1-2　法人企業売上高の推移

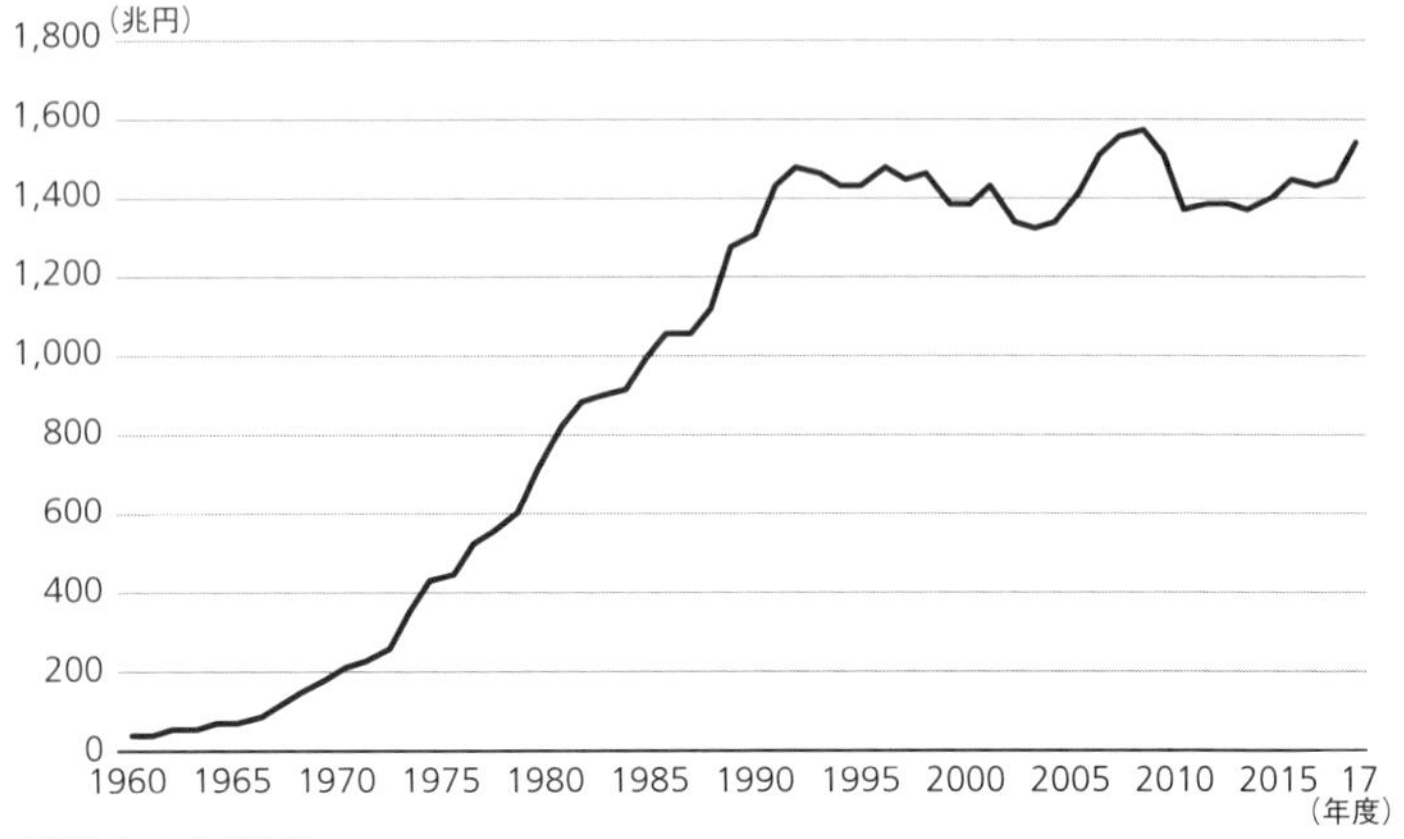

資料：法人企業統計
注：全産業、全規模

度には１４３５兆円と横ばいが続きました。それ以降、現在までほとんど不変であり、16年度では１４５６兆円です。

企業利益も、70年度に10兆円、80年度に29兆円、90年度に50兆円と、急成長を続けていました。ところが、90年度をピークに、その後急速に減少し、95年度には35兆円になりました。16年度では、59兆円です。

鉱工業生産指数も、91年の前半でいったんピークに達して、その後は低下を続けました。

その後、２００７年にこのときの水準を超えましたが、現在は１９９１年より低い水準です。

それまで高い率で伸び続けていた設備投資の動向も大きく変調しました。実質民間設備投資は、84年度から90年度までは（86、87年度を除いて）対前年度比が2ケタの高い伸びでしたが、

91年度に伸び率がマイナスになり、94年度までマイナスが続きました。95年度以降も低い伸び率で、民間住宅投資も似た動きをしていました。

このように、統計の数字は、日本経済の急激な大変調を知らせていたのです。

日本人は変化に気づかなかった

しかし、こうした変化は一時的な現象と考えられ、バブル的な気分はその後も続きました。

多くの人々は当時、「大変だ。日本経済が崩壊した！」などという考えをまったく持っておらず、株価の下落は一時的な調整と考えられていました。地価が下がり始めても、多くの人々はバブルの酔いから覚められなかったのです。

1990年（平成2年）には、まだ不動産投機が続いていました。8月2日にイラク軍がクウェートに侵攻、首都を制圧したのですが、このとき、ある委員会で、北海道にワンルームマンション投機の調査に出かけたことがあります。札幌を中心として、投機的購入が増加していたからです。

後に日本長期信用銀行の破綻に大きな影響を与えたとされる大規模リゾート施設初島クラブが着工したのは、91年のことです。そして、オープンしたのが94年7月です。

人々の二日酔いをよく表しているのが、「ジュリアナ東京」というディスコです。これは、バブル期の象徴と言われているので、いまでは、多くの人がその全盛期は80年代のことだと思っています。しかし、オープンしたのは、株価下落が始まってから1年半近くも経《た》った91年5月のことなのです。

92年〜93年頃の週末には、店内は超満員で、人と触れずに移動することは不可能で、数百人の客が入場できなかったと言われます。「お立ち台」と呼ばれたステージは93年11月に撤去されましたが、そうなったのは客の入りが減ったからでなく、警察の指導が入ったからだと言われます。ジュリアナ東京が閉店したのは、94年8月のことです。

80年代後半にOLの間で流行していた生活スタイルは、「暫《しばら》く働いてから退職し、退職金と失業手当で海外旅行をする。そして、帰国して新しい仕事に就く」というものでした。これが、90年代になっても続いていました。

90年代になってからは、海外旅行から帰ってくると仕事が見つからなくなる人が増え始めました。しかし、多くの人が「なんで？」と不思議がったのです。

百貨店外商ビジネスのバブルは続く

問題が構造的であると気づけなかったのは、以上で述べた人々や企業だけではありません。製造業の企業も含め、日本の企業全般がそうでした。

これは百貨店の外商ビジネスを見ると、よく分かります。

百貨店の外商部は、バブル期に全盛期を迎えたと言われます。「黒字減らしのために、企業が取引先などへの中元、歳暮に多額の支出をするようになり、衣類、宝飾、家具・家電、美術品などを扱う外商部の業績が大きく伸びた。ところが、バブル崩壊後、企業は経費削減のため、こうした支出を真っ先に削った。このため、外商ビジネスの採算は悪化し、冬の時代を迎えるようになった」とされます。

ここで重要なのは、「バブル崩壊」というのが、いつのことかです。百貨店業界では、それは1990年代後半のことなのです。

この頃、日本を代表する大企業の幹部家族が、高級ブランド品などの私的消費を会社の経費につけ回しているという話を聞いたことがあります。重要なのは、これが80年代でなく、90年代だったことです。日本企業の営業利益はすでに大きく落ちていたのに、90年代になっても、80年代と同じことが行なわれていたのです。

「商業動態統計」（経済産業省）を見ると、百貨店売上高は、89年の10・5兆円から97年の11・1兆円まで増加しています。継続的に落ち始めたのは、90年代後半になってからのことです。ここから推測されるのは、「バブルが崩壊して5年以上の間、バブル的な企業消費が続いていた」ということです。

このとき、第2章で述べるように中国の工業化が進展しつつあり、製造業は構造的に重大な問題に直面しつつありました。それに対応して、日本は企業のビジネスモデルを根本から変えることが急務だったのです。

しかし、会社を改革するのではなく、逆にしゃぶりつくそうとする人々が残っていたのです。全員ではないにしても、そうした人たちが大勢いたことは間違いありません。

なぜこのようなことが生じたのでしょうか？　人々は、組織は永遠に続くと思っていたからです。そして、いくらでも依存できると考えていたからです。

百貨店業界の厳しい実態が明らかになり、業界再編がなされたのは、バブル崩壊後10年以上も経った2000年代になってからのことです。

「日本はアメリカより強い」

日本人の国際感覚も、1980年代から変わりませんでした。

91年1月17日に　多国籍軍がイラク、クウェート領内に空爆を開始し、湾岸戦争に突入しました。憲法の制約で派兵できなかった日本は、その代償として巨額の支出（115億ドルとも130億ドルとも言われます）を負担しましたが、この当時の日本人の感覚は、「日本は軍事行動はできないが、経済は強いので、このくらいの負担でアメリカを助けるのは当然」というものでした。

「日本はアメリカより強い」という日本人の感覚を確認させる事件が、92年1月に起きました。アメリカのジョージ・ブッシュ大統領（父）が来日した際、晩餐会《ばんさんかい》の最中で、隣に座っていた宮沢喜一首相の膝に嘔吐《おうと》し、椅子から崩れて倒れてしまったのです。

このとき、多くの人が感じたのは、「アメリカ大統領が倒れ、日本の首相がそれを受け止めた。これは、日本は強くアメリカは弱いという日米関係の象徴だ」ということでした。

世界では、80年代に大変動が起きていたのです。ところが、その影響が日本では80年代のバブルで隠されていました。バブルが崩壊して、一挙に顕在化したのです。それにもかかわらず多くの日本人は、80年代のバブルに酔ってしまって、深刻な問題が生じていることを認識できませんでした。日本全体が弛緩《しかん》していたのです。

平成は失敗の時代となった

日本経済は、バブル崩壊だけでダメになったのではありません。背後には、世界経済の大きな変化がありました。それは、第2章で述べる新興国の工業化とＩＴ革命です。１９８０年代から始まっていた変化が、この時期に顕在化し始めたのです。

これは、ＧＤＰ（国内総生産）の国際比較をすれば明らかです。中国のＧＤＰは、90年には

図表1-3　GDP（国内総生産）の推移

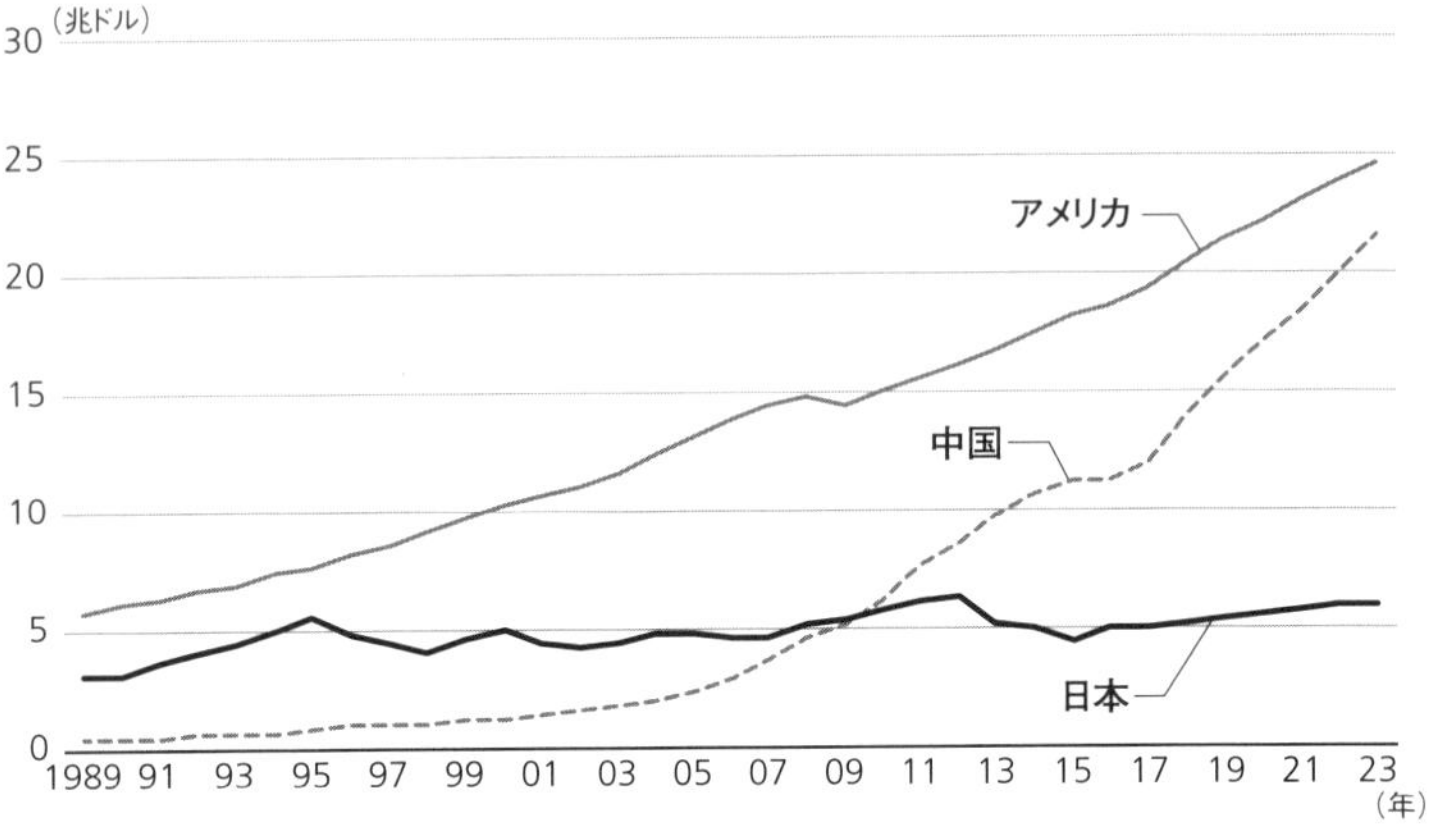

資料：IMF
注：2018年以降はIMFの予測

図表1-4　一人当たりGDP（国内総生産）の推移

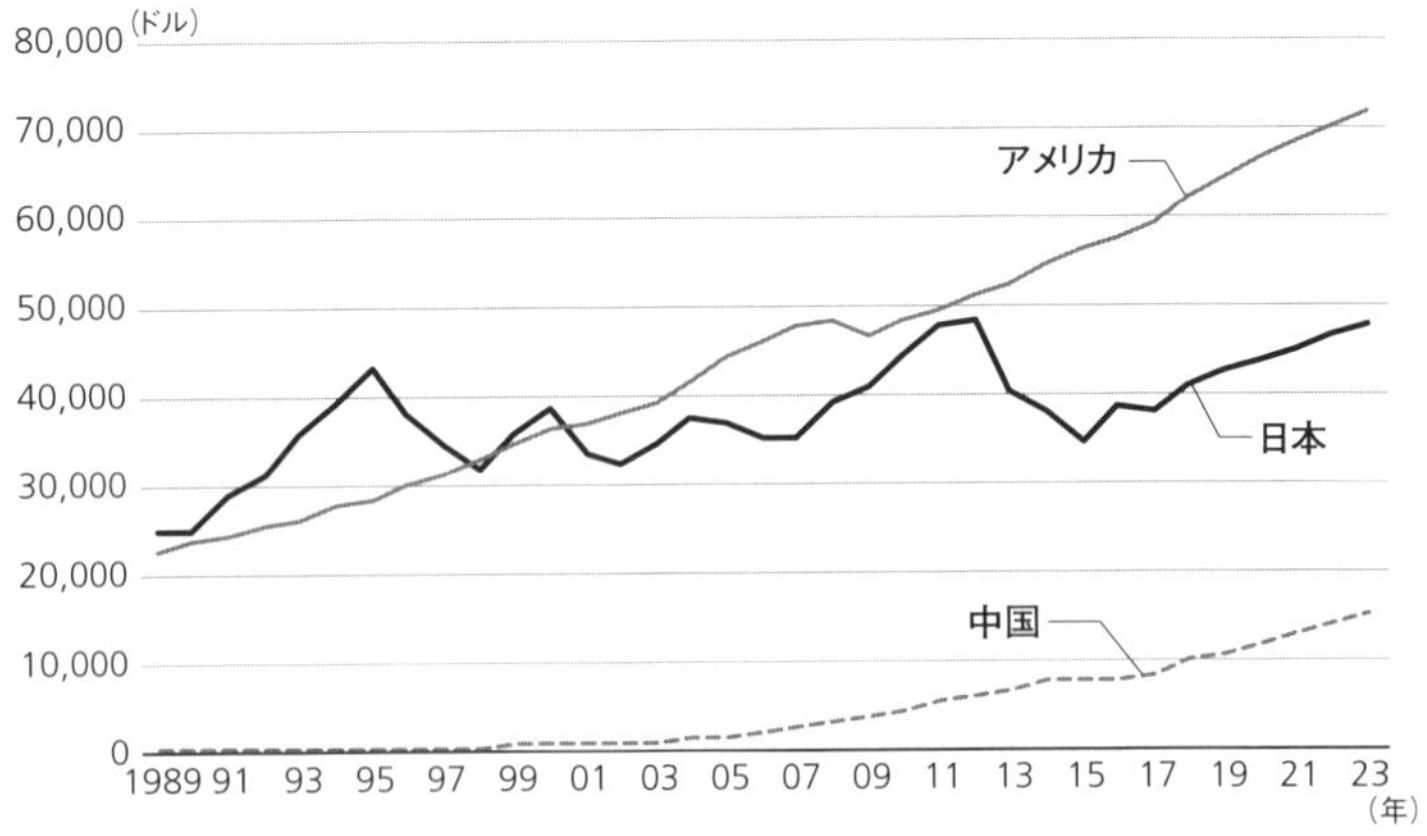

資料：IMF
注：2018年以降はIMFの予測

日本の7・8分の1でしかなかったのですが、2016年には、日本の2・3倍になっています（図表1-3参照）。アメリカのGDPは、90年には日本の1・9倍でしたが、16年には、日本の3・8倍です。

アメリカの一人当たりGDPは、90年には日本の約95%でしかありませんでした（図表1-4参照）。しかし、16年では、日本の1・48倍です。

中国の一人当たりGDPは、90年には日本の82分の1であり、ほとんど比較になりませんでした。しかし、16年では、日本の約2割にまでなっています。

こうしたことがあったにもかかわらず、日本人は、日本経済の構造転換が必要とは考えていませんでした。平成が、日本にとって失敗の時代になったのは、このためです。

3　為替レートが歴史的な円高になる

円高ショック

1993年に、円高ショックが日本を襲いました。

図表1-5　為替レートの推移

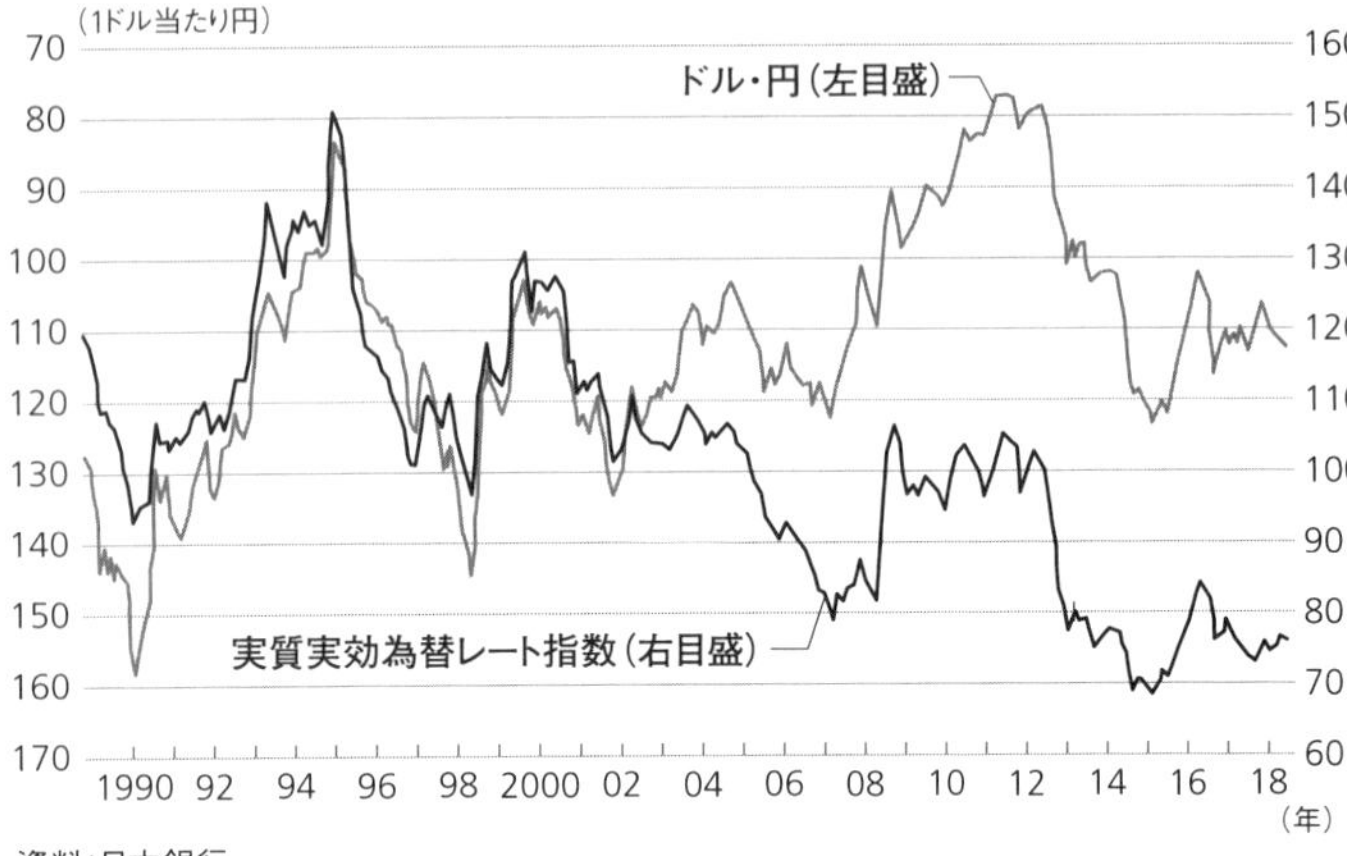

資料：日本銀行

円ドルレートは、92年6月以降、ほぼ1ドル＝120円台であり、傾向的な変化は見られなかったのですが、93年3月頃から円高が進み、95年8月まで（94年12月を除き）90円台という円高水準が続きました。95年4月19日には、1ドル＝79円という未曽有の水準にまで達したのです（図表1-5参照）。

93年に円高になった原因としては、アメリカ政府の対日政策が指摘されています。

93年4月、就任直後のビル・クリントン大統領は、宮沢喜一首相との初会談後の記者会見で、「日米貿易不均衡是正に有効な方法の第1は円高」と発言しました。為替調整を本格化するだろうと捉えられ、一気に円高が進行したのです。

95年の円高の原因としては、メキシコ通貨危機に端を発する海外投機マネーの円への避難や、クリントン政権による中国人民元安の容認などが挙げられます。

これは「第2次円高ショック」と呼ばれました（第1次は85年9月のプラザ合意の後で起きたもので、85年中頃に250円台だった円ドルレートが、87年12月に120円台になりました）。

ところで、貿易などの実際の経済活動に影響するのは、名目でなく、「実質実効為替レート」です（これは、各国の物価水準の変化を調整して計算した指数であり、円の購買力を表しています）。

これを見ると、円ドルレートは92年9月まで100台でしたが、95年4月には150台となりました。そして、95年12月まで120台以上という円高水準が続いたのです（実質為替レート指数は、数字が大きいほうが円高です）。

図表1-5から分かるように、このときに記録した実質為替レート指数の150台という水準は、史上最高値です。現在の値は70台ですから、そのときに比べると、円の購買力は半分以下に落ちたことになります。

為替レートを表すのに普通使われるのは名目レートですが、それを見ても、現在のレートは当時より円安です。しかし、各国の物価上昇率の違いを考慮すれば、実質実効為替レート指数が示すように、名目で見るよりずっと円安になっているのです。

円高で消費者は豊かになったが、企業利益は落ち込む

為替レートが円高になれば、日本人の購買力は向上します。つまり、国際社会の中で、日本人は豊かになったのです。

円高になれば、日本の国民は豊かになる半面で、日本企業の利益は減少します。

法人企業統計で見ると、全産業（除く金融保険業）の営業利益は、１９９２年度の41・0兆円から、93年度の32・0兆円へと21・9％落ち込み、製造業では、27・5％もの落ち込みとなりました。

貿易黒字は、92年の13・5兆円から96年の6・7兆円へと、ほぼ半減しました。

消費者物価指数（生鮮食料品を除く総合）の対前年同月比は、90年代の初めには3％程度でしたが、継続的に低下し、95年にはマイナスの月も現れました。

その後97年に2％程度になりましたが再び低下し、98年から99年にはゼロないしマイナスの月がほとんどになったのです。

物価が下落したのは、94年頃までは円高のためですが、それだけではありません。第2章の4で見るＰＣ（パソコン）の価格下落のように、ドル建ての価格も下落したのです。

つまり、単に円高だけが問題だったのではないのです。

それよりも、第2章の4で見るような世界経済の構造変化が重要だったのです。デフレと呼

ばれる現象の本質は、ここにあります。

円安になったが、アジア通貨危機で円高に

図表1-5に示されているように、1995年夏からは、為替レートが円安に転じました。公定歩合が95年に急速に引き下げられたからです。IT景気が本格化してアメリカへの投資が増えたことも、円安の要因と考えられます。

為替レートが円安になったのですから、貿易黒字が拡大するはずです。しかし、増えはしたものの、あまり大きな変化ではありませんでした。

このため、日本経済の基本的なパフォーマンスは改善せず、企業の営業利益は減少を続けました。98年度には、90年度の約半分にまで落ち込んでいます。

なお、97年からのアジア通貨危機などによって、円安が解消されました。98年8月に140円台だったドル円レートは、わずか2カ月で110円台にまで円高になりました。

4 『複合不況』論の誤り

「貸し渋りが原因」とした複合不況論

1990年代の不況を説明するものとして当時の多くの人に受け入れられたのが、宮崎義一氏の『複合不況』（中公新書、1992年）の見方でした。

これは、「バブル崩壊によって銀行が不良債権を抱えたため、貸し渋りによる信用逼迫《ひっぱく》（クレジット・クランチ）が起こり、そのために投資が減少した」との考えです。また、「株価下落によって銀行保有株式の含み益が減少したため自己資本が減少し、資産を圧縮せざるをえなくなった」とも言われました。

つまり、経済の実体に問題があったのではなく、金融部門が景気後退を引き起こしたというのです。

しかし、銀行の貸し渋りが投資減少の主因という考えは、データでは跡づけられません。第1に、この期間に銀行の貸し出し残高は、減少したわけではありません。総貸し出しの平均残高は、91年7月に502兆円でしたが、その後増加し、93年から94年にかけては520兆円を超えています。そして、99年の初めまで500兆円を超すレベルで推移しています。減少したのは、それから後のことです。

第2に、仮に投資資金需要があったにもかかわらず銀行の貸し渋りが原因で貸し出しが抑制されたのであれば、長期金利は上昇するはずです（これは「クラウディングアウト」と呼ばれる現象です）。しかし、現実にはそうしたことは起こりませんでした。長期金利（貸出約定平均金利）は、むしろ顕著に低下したのです。91年7月に7・7％であったものが、95年の3％台まで急速に低下しています。

原因は金融面でなく、実体経済にあった

「経済停滞の原因が金融にある」との考えは、現在に至るまで連綿と続いています。そして「金融緩和を行なえば経済が活性化する」という考えも、いまに至るまで、多くの論者によって主張されています。

この考えは、実体面で対応しなくとも、金融緩和をするだけで問題を解決できるという期待を生みます。しかし、問題の根幹が実体面にあるなら、その解決は手つかずに残されることになります。

1990年代の経済停滞の原因も、経済の実体面にあったのです。設備投資に対する需要そ

のものが、それまでに比べて減退したのです。

銀行が貸してくれないから設備投資ができなかったのではなく、企業が設備投資意欲を失ったのです。その結果、金利が低下したのです。つまり、原因は資金の貸し手側ではなく、借り手側にありました。

設備投資需要の減少を引き起こした原因として重要なのは、新興国の工業化によって、日本が国際市場でのシェアを失ったことです。

アメリカの輸入に占める日本の比率を見ると、このことがはっきり分かります。日本のシェアは、86年に21・8％というピークに達した後、ほぼ一貫して下落しています。90年には18・1％、95年には16・6％になりました。

この当時、日本経済が直面していた問題は、金融緩和や円安で解決できるものではありませんでした。しかし、経済構造や企業構造のビジネスモデルの基本的な改革が必要だという意識を持てなかったのです。

東京大学に先端経済工学研究センターを作る

私は、1990年代は50歳代でした。

一橋大学教授になってからほぼ10年が経ち、ゼミの卒業生もずいぶん増えました。

80年代には、日本経済のバブルの中で、彼らの多くが海外留学をしました。その推薦状書きに大忙しだったときもあったのですが、90年代にはそうしたことがなくなってしまいました。

そして、彼らは、バブル崩壊の中でさまざまな運命に遭遇していきました。卒業して就職したときと同じ名前の組織に在籍し続けた人はほとんどいません。転職するか、あるいは組織の合併などで社名が変わったからです。一橋大学のある卒業生から聞かされたことですが、80年代の初め頃に、私が「君たちは組織に裏切られることになる」と話していたということです。私自身はそう言ったことをまったく忘れていたのですが、彼らの多くは、平成の時代に、実際にそのとおりの運命を経験することになったのです。

私は96年に一橋大学から東京大学に移り、先端科学技術研究センター（先端研）に勤務しました。先端研は、文理融合を目指して作られた組織で、さまざまな学部の人たちが来ていました。工学部の人たちが中心ですが、法律や経済の専門家もおり、お医者さんもいました。キャンパスは駒場にありますが、教養学部とは別のキャンパスで、戦前、東京帝国大学航空研究所があったところです。

私の研究室があったのは、正門から入ってすぐの13号館。「先端」という名とは裏腹に、昭和の初めに造られたクラシックな建物で、寄木《よせぎ》張りの木の床が大変気に入りました（この床は、同じ頃に造られた大蔵省―現財務省―の床と同じつくりのものです）。何も調度がないガランとした研究室に初めて入ったときの状況をいまでもよく覚えています。

このキャンパスは、その後、生産技術研究所が移転してきたりしたので、多くの建物が建て替えられました。歴史的な建物が少なくなってしまったのは残念なことです。

予算要求をして、「先端経済工学研究センター」という新組織を作りました。定員がわずか3名の小さな組織ですが、これを出発点に、新しいことをしたいと思ったのです。

さらに、ビジネススクールを創設したいと考え、工学部の協力を得て、東大としての予算要求に乗せるところまではいったのですが、学内の抵抗に阻まれ、最終的には実現できませんでした。

最終講義は、先端研の講堂で行ないました。ここもクラシックで、よい雰囲気のところです。16世紀のポルトガルの叙事詩『ウズルジアダス』にある「ここに海終わり、陸始まる」という言葉を引用して、日本と世界について述べました。

第2章

世界経済に大変化が起きていた

1　社会主義国が崩壊した

ベルリンの壁がなくなる

1980年代の末、日本がバブルに振り回されている間に、世界は大きく変化し始めていました。

その変化の一つが、社会主義経済の行き詰まりです。

ソ連では88年にミハイル・ゴルバチョフが国家元首となり、外交政策を転換しました。それまでソ連の実質的な支配下に置いていた東欧に対して、自由化を認める姿勢を取ったのです。このため、89年6月にはポーランドで、10月にはハンガリーで、それぞれ非共産党政権が誕生しました。

そして、89年11月には、ベルリンの壁が崩壊。東西ベルリンの境界には「チェックポイント・チャーリー」という検問所があったのですが、それがなくなり、自由に通れるようになりました。無人地帯だったブランデンブルク門の下も自由に歩けるようになり、市民は誰でも東西ドイツを行き来できるようになったのです。

12月にはルーマニアで革命が勃発し、ニコラエ・チャウシェスク大統領が失脚し、処刑されました。

ソ連が崩壊した

1956年の「ハンガリー動乱」や68年の「プラハの春」の際にはソ連が戦車で抑圧したにもかかわらず、80年代末に同じことができなかったのは、ソ連の経済力がどん底まで落ち込んでいたからです。

80年代には、ソ連の国営工場の生産性はマイナスになっていました。つまり、工場から出てくる製品は、工場に持ち込んだ原材料より経済的な価値が低いという状態になっていたのです。いいかえれば、生産活動を行なえば行なうほど、国が貧しくなる事態になっていました。もし何もしないで冬眠できれば、そのほうがずっとましだったでしょう。

レオニード・ブレジネフの死後に登場した何人もの高齢の指導者は、この現状をなすすべもなく見るしかありませんでした。ゴルバチョフの政治力をもってしても、ソ連経済はいかんともしがたく、東欧諸国の民主化・脱共産政権化は、引き止めようにもその手段がありませんでした。

ソ連の中心であったロシア共和国でも、ボリス・エリツィン大統領が91年にソ連からの脱退を宣言しました。

そして、91年12月、ゴルバチョフはソ連大統領を辞任し、ソ連は崩壊しました。

第2次大戦以後の世界を二分してきた超大国があっけなく崩壊し、半世紀近くにわたって続いた東西冷戦が終了したのです。

この日の新聞の第1面トップには、クレムリンからソ連国旗が降ろされる写真が載りました。世界の誰もが、それを見て、唖然《あぜん》とするしかありませんでした。

当時、私は、強大なソ連がどうしてそんなに簡単に崩壊してしまったのか、理解できませんでした。しかし、ソ連経済は、どうにもならないところまで追い詰められていたのです。

つまり、ソ連は急に倒れたわけでなく、徐々に衰退死したのです。

ゴルバチョフは、90年にはノーベル平和賞を受賞しました。ソ連大統領を辞任してから後も、さまざまな活動を行なっています。

来日も頻繁でした。2007年11月の来日の際、私は、彼が講演したときの公開パネルディスカッションで相手役を務めました。大手術をしてから日が経っていないということだったの

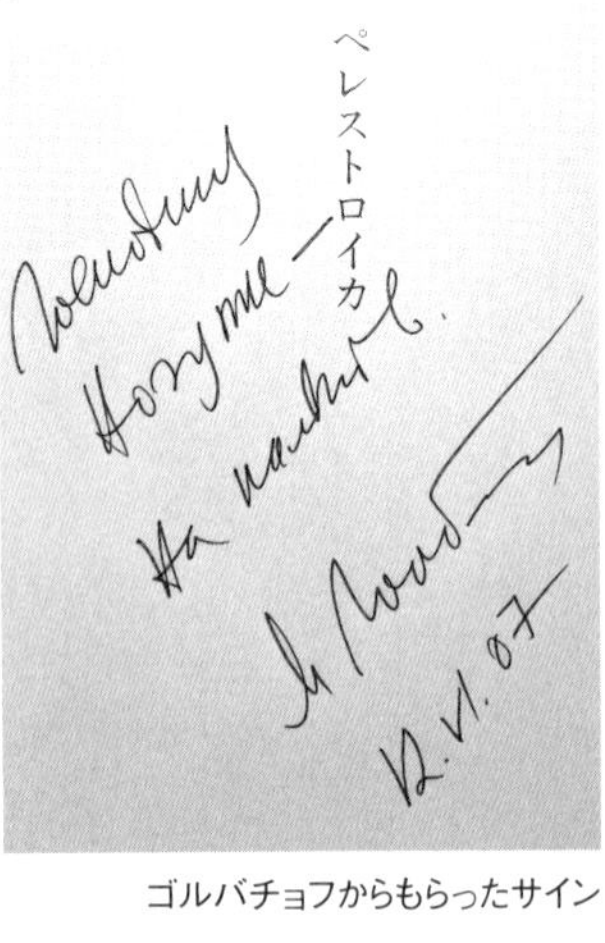

ゴルバチョフからもらったサイン

で、「お元気ですね」と挨拶したところ、「日本のテンプラを食べて100歳まで生きる」という答えが返ってきました。彼は31年生まれですが、いまも健在です。是非100歳まで生きてほしいものです。

このときもらったサインが、右の写真にあるものです。「ミスター野口に　記念に　M・ゴルバチョフ　2007年11月21日」とあります。

旧東ドイツで社会主義の生産性の低さを見る

1991年8月に、ベルリンに行く用事がありました。これまで訪れたいと思いながら簡単には行くことのできなかった社会主義国の様子を、変化してしまわぬうちに見られる機会が訪れたので、一人でハンブルクからベルリンまで、そしてベルリンからフランクフルトまで、レンタカーでドライブをしました。

これは、ベルリンの壁が崩壊してから1年半後、1990年10月のドイツ再統一から1年も経っていないときです。旧西ドイツ地区のアウトバーン（高速道路）にも、旧東ドイツ製のトラバントという軽自動車のような乗用車が、BMWやメルツェデスに混じってノロノロと走っていました（とはいっても、時速100キロを超えていたのですが）。

このときの旧東ドイツ地区には、まだ社会主義時代の痕跡が色濃く残っていました。社会主義経済とはどんなものだったのかを実感することができ、印象深い旅となりました。

車で旧国境を越え、最初に立ち寄ったのは、アウトバーンのレストエリアです。ドイツ人の綺麗好きは有名で、旧西ドイツ地区では、公共トイレもアウトバーンのトイレも、どこもピカピカです。ところが、ここのトイレは汚れていました。

道路標識も、旧西側では完璧すぎるほど完璧にできているのですが、旧東側の標識は錆《さ》びていました。一般の道路に出ると石畳の道もあり、馬車の時代から変わっていないのではないかと思われました。

もっと驚いたのはホテルです。『ミシュラン』に掲載されていた一流のホテルを選んだのですが、ベッドはひどく小さくて木の板のようで、窓は部屋の高いところにあります。監獄に入れられたような気分になりました。

さらに驚いたのはレストランで、夕食を取ろうと入ったのですが、1時間も経ったのに食事が出てこないのです。「社会主義の非能率性とはこういうものか」と痛感しました。

憧れのワイマールやドレスデンを訪れる

もっとも、悪い面だけではありませんでした。

ワイマールという街があります。これは、かつてのザクセン＝ワイマール公国の首都で、ゲーテが枢密院の参事官を務めていたことで有名です。18世紀から19世紀にかけて、「ワイマール古典主義」といわれる文芸作品が誕生した文化と芸術の都です。

私が1991年に訪れたときには、観光客があまりおらず、ゲーテの時代から変わっていないだろうと思われる美しい公園を見ることができました。ところが、2001年に再び訪れたときには、観光客が溢《あふ》れ、すっかり俗化していて残念に思いました。

このときには、憧れのドレスデン「エルベ川のフィレンツェ」も訪れることができました。有名な聖母教会は、やっと再建が始まったばかりで、瓦礫《がれき》の山でした。

ところで、91年の旧東ドイツ領内には、ソ連兵がまだ残っていると報道されており、彼らが暴動でも起こしたらどうなるかと不安に思いながら旅行していたのですが、何事もありませんでした。

それもそのはず、撤退が遅れていたのは、ドイツに影響を及ぼし続けるためではなく、鉄道の輸送能力が十分でないために、列車が手配できなかったためだったのです。また、ソ連に戻っても、崩壊直前の混乱状態で、帰還兵を収容する宿舎がなかったためだったのです。つまり、ソ連兵は、帰りたくても帰れなかったわけです。

ベルリンの中心部にあるブランデンブルク門は、かつては壁のすぐ東側であり、無人地帯でした。ところが、91年には、観光客で一杯。小さな露店がたくさん出ていて、そこでソ連兵のバックルやメダルなどを売っていました。撤退する兵士が、小遣い稼ぎに売っていったのでしょう。

2 中国が工業化した

国有企業の改革

新興工業国のうち最初に登場して1980年代に目覚ましい発展を遂げたのは、韓国、台湾、香港、シンガポールの「アジアNIES《ニーズ》」と呼ばれた国・地域です。

ただし、これらの国・地域は規模が小さいので、世界経済にあまり大きな影響を与えたわけではありません。

それに続いて中国が工業化しました。70年代の中国は文化大革命の影響で国内が混乱していましたが、毛沢東の時代が終わり、改革開放が国家の路線となったのです。鄧《とう》小平が「改革開放、現代化路線」を掲げ、政策の大転換が始まりました。

中国政府は市場メカニズムの導入を図り、79年には深圳《シンセン》、珠海《しゅかい》、汕頭《スワトウ》、厦門《アモイ》に経済特区を設

図表2-1　実質経済成長率の推移

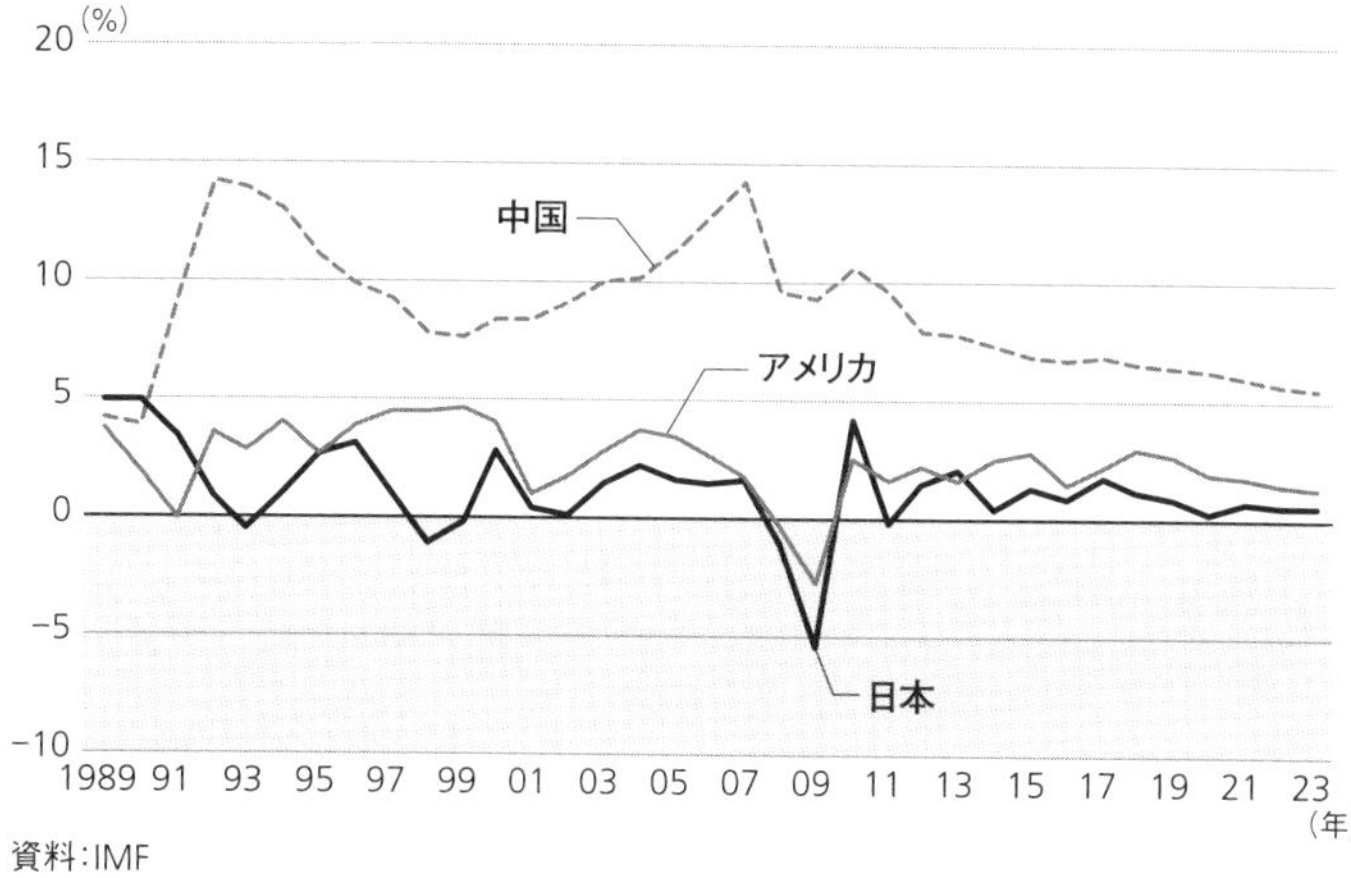

資料：IMF
注：2018年以降はIMFの予測

置し、上海、天津、広州、大連などには経済技術開発区を設置しました。ここに華僑や欧米からの外資を導入して、工業化を図ろうとしたのです。

ただし、80年代においては、改革開放は政治的なスローガンとしての性格が強く、経済の実体を大きく変えるまでには至りませんでした。経済の実体が変わるのは、90年代の半ばになってからです。まず、国有企業の改革が行なわれました。

社会主義時代の中国では、すべての産業が国によって運営されていました。それを改革し、エネルギー、通信、重工業、金融などの基幹産業の大企業については、国が保有した上で株式会社として上場したのです。それ以外の企業については、民営化を進めました。

この政策は成功し、90年代後半以降、農業から製造業への産業構造の転換が急速に進んだのです。

中国の鉄鋼生産量を見ますと、95年には約1億トンで日本とほぼ同程度でしたが、その後急増し、あっという間に日本を抜き去りました。

実質経済成長率の推移は、図表2－1のとおりです。

新しい企業が誕生した

1990年代末には、中国の多くの産業分野で、新しい企業が誕生し成長していきました。

自動車製造では、社会主義時代には国有企業がロシアとの技術協力によって生産を行なっていたのですが、80年代に入ってからは、外国資本との合弁企業が続々と誕生し、先進国の技術を取り入れて発展していきました。

中国三大自動車メーカーの一つである上海汽車は、フォルクスワーゲンと提携。90年代には、外資系と提携した中国の自動車メーカーが100社以上になりました。自動車生産台数で、2009年には日本を抜き、世界一となったのです。

家庭電化製品ではハイアール・グループ（海爾集団）が、PCではレノボ（聯想）が有名です。通信機器では華為技術（ファーウェイ・テクノロジー）が世界的に知られるようになり、重工業分野では建設機械メーカーの三一重工が成長しました。

エレクトロニクス分野では、ＥＭＳと呼ばれる企業が登場しました。これは、製品の組み立て作業を受託する企業です。台湾のＥＭＳである鴻海《ホンハイ》精密工業の子会社フォックスコンは、２０００年代になってからアップル製品の最終組み立てを行ない、世界的に知られるようになりました。

インターネット関連では、ｅコマースのアリババや、検索エンジンの百度《バイドゥ》をはじめとして、多数のベンチャー企業が誕生し、成長しました。

このように、さまざまな分野で新しい企業が登場、成長し、中国は、世界の工場としての地位を築いていくようになったのです。

アジアＮＩＥＳの工業化も日本経済に影響を与えたのですが、中国の影響はケタ違いです。中国が膨大な労働力を用いて安価な製品を生産できるようになったため、製造業に関する国際的な競争条件は一変したのです。それまで日本企業が支配していた市場で、日本のシェアが侵食され、日本は後退を余儀なくされました。

中国がアメリカの輸入に占める比率も、顕著に上昇しました。中国の比率は、90年代の前半までは小さかったのですが、90年代後半以降、日本と肩を並べるようになったのです。日本と中国の比率の合計はほぼ20％で、中国が増えた分だけ日本のシェアが減り、２００２年に中国は日本を追い抜きました。

中国の工業化が始まるのを目撃する

１９９５年3月20日に東京で地下鉄サリン事件が起きました。その日、私は北京にいました。このときに北京駅で見た光景は、いまでも忘れられません。薄暗い駅舎のいたるところに、人の塊ができているのです。なんと、彼らは床に布を敷いて寝泊まりし、生活していました。文字どおり足の踏み場もないほどの膨大な数の人々でした。近代的な建物が廃墟になってしまって、そこに人が不法占拠して住み着くというのは、終戦直後の東京でも生じたことです。私は、幼い頃に見たその光景を思い出して、強いショックを受けました。

この人たちは、農村から出てきた「農民工」と呼ばれる一群です。

社会主義経済時代の中国では、農村と都市を厳格に区別し、人口の移動を禁止していました。しかし、工業化が始まって都市で労働力に対する需要が増えたため、隔離政策が緩和されたのです。そこで、農村から膨大な数の人々が都市に流入し始めました。

北京駅にいた人々は、北京で仕事に就こうとやってきたものの、仕事が見つからず、泊まる場所もないので、駅で生活していたのです。

これが、工業化が始まったときの中国の姿でした。その後、中国は恐るべき勢いで工業化への道を突進していくことになります。

まだ自動車の時代にはなっておらず、朝夕の通勤時間には、道は、自転車の群れで一杯になりました。この頃、北京の町には、まだ古い街路が残っており、胡同《こどう》（フートン）と呼ばれる地区が建築中の高層ビルの谷間に散在していました。いまとなってはもう見ることができない光景を目の当たりにしたのです。

社会主義時代の痕跡もいくつか見られました。とくに痛感したのはレストランです。夜の8時頃になると、客が食事をしているのに、勝手に席を整理して掃除を始めたのには驚きました。旧東ドイツでもそうだったのですが、「客」という感覚はなく、与えられた仕事を片付けているだけなのです。

日本は新興国の工業化にどう対応すべきだったか？

アジアＮＩＥＳや中国の工業化に、日本はどう対応すべきだったのでしょうか？

まず第1に、製造業が新しい条件に適応した構造に変化することが必要でした。

それは、輸出依存の大量生産型製造業からの脱却です。ビジネスモデルを転換し、新興国を利用した新しい生産方式への転換を図るべきでした。日本の企業は、製品のコンセプト開発や販売だけを行なう。つまり、「モノを作らないモノづくり」への転換です。これは、本章の4

で述べる水平分業方式です。

新興国が工業化し、安価な工業製品が大量に生産されるようになった時代に先進国で生き残る製造業は、２０００年代になってからアップルが始めたように、「国内で生産しない」「工場を持たない」製造業なのです。日本の製造業もそのような変身を図るべきでした。

第2は、アジア諸国の低賃金労働力を活用して生産コストを引き下げることが可能になったので、それまで国内にあった生産拠点を海外に移転することです。

第3に必要だったのは、脱工業化を図り、産業構造を全体として大転換させることです。高度成長期から連綿と続いてきた「モノづくり経済」が、それまでのようには機能しなくなったことを認識し、金融業などの高度サービス産業の比重を高めてゆくことが必要でした。

これらのうち実現したのは、生産拠点の海外移転です。１９８０年代の海外移転は、貿易摩擦対策としての先進国立地が多く、製造業の海外生産比率（総売上高に対する現地法人の売上高の比率）は90年に6・4％でしかありませんでした。しかし、その後アジア諸国での現地生産が増加し、海外生産比率は01年度には14・3％となりました。

それに対して、水平分業化と産業構造の大転換は実現しませんでした。実際には、金融緩和と円安誘導によって旧来型の産業構造が温存されたのです。

アメリカは、80年代に脱工業化の過程を経験しました。それは痛みを伴う苦難の過程です。

ところが、日本では、何も変わりませんでした。変わらなかったから、立ち遅れたのです。

3　ＩＴ革命の第２段階が進展する

インターネットの登場と普及

１９８０年代から90年代にかけて、ＩＴ（情報技術）革命と呼ばれる大きな変化が技術体系に生じました。

その第１段階は、それまで大型コンピュータで行なっていた情報処理を、ＰＣ（パソコン）で行なえるようになったことで、これは80年代以降に普及。第２段階は通信におけるインターネットの利用で、90年代から進展しました。

経済的な観点から見て重要なのは、ＩＴ革命によって、情報処理コストと通信コストが劇的に低下したことです。

それまで、コンピュータは高価な機械であったため、利用できるのは、大企業と政府、大学に限られていました。また、大量・高速のデータ通信には専用回線が必要であり、これもきわめて高価な手段でした。したがって、大組織と中小企業や個人との間には、情報処理能力において超えることのできない格差があったのです。

ところが、ＩＴ革命によってコストが低下したため、この格差が消滅しました。大企業も中小企業も、そして個人も、情報処理の点では同じ条件の下で仕事ができるようになったのです。グーグル、アマゾンなどの創業間もないベンチャー企業が、短期間のうちに世界的大企業に成長するという現象が、アメリカのシリコンバレーを中心として起こりました。

この頃といまを比べてみると、交通関連の技術やインフラストラクチャーは、ほとんど変わっていません。

新幹線も高速道路の状況も、また、自動車の普及度も、航空機の利用状況もそうです。交通に関する大きな変化は、平成より前の時代に生じたのです。

それに対して、情報・通信関連の技術は大きく変わりました。インターネットをめぐる状況などは、信じられぬほどの変化です。

技術の変化は、主として情報・通信の分野で起きたのです。

私の情報環境も変化した

ＩＴ革命の進展で、私自身の仕事の環境も大きく変わりました。

1980年代のことですが、一橋大学にいた頃、携帯電話を使えるようになりました。「ショルダーフォン」というもので、主として自動車の中で使う電話機です。持ち歩くには重過ぎるもので、肩にかけても長距離は持ち運べません。「移動することができる電話」というのが、正確なところです。

私はそれを、大学の研究室に置きました。一橋大学では、研究室の電話は内線しかなく、直通電話を引くことが（自費であっても）できなかったのです。このため、ファクスを受信することができませんでした。そこで、ファクスの受信に使うことを主たる目的として、ショルダーフォンを購入したのです。いまから考えると隔世の感があります。

80年代の初めに、MS－DOS（PC用のオペレーティングシステム）が登場しました。しかし、使い方は分厚いマニュアルを読まなければなりません。私は、基本的なコマンドだけ覚えて、あとは大学院の学生に任せたのですが、これは正しい対応でした。いまMS－DOSのコマンドを知っていても、何の役にも立たないからです。

80年代後半には、電話線を用いたパソコン通信が利用できるようになりました。これを用いてアメリカの学者と会話してみようというプロジェクトをある新聞社が企画し、そのために電話局にモデム（デジタル通信の送受信装置）を買いに行きました。しかし、なかなか接続ができず、苦労したことを覚えています。

また、それまで使っていたフロッピーディスクに代わって、ハードディスクが登場しました。しかし、最初に設定をしないと使えず、その作業が大変面倒なのです。メーカーに電話して聞いても、「フロッピーディスクと同じです」という無責任な答えしか返ってきません。そこで、台湾から留学してきている大学院生にその作業をやってもらいました。

『「超」整理法』を出版する

1993年に、私は『「超」整理法』という書籍を中公新書で出版しました。これは、書類の整理法について述べたものです。幸い多くの読者の支持を得ることができました。

ここで述べた方法は、書類を内容によって分類せず、時間順に並べてしまおうというものです。この方法(押し出しファイリング)を思いついた瞬間のことは、いまでも鮮明に覚えています。これは、私の人生を変えた瞬間だったといってもよいと思います。

自宅の書斎で、プラスチックの箱にいれた書類を整理しようと思っていたのですが、書類の山を前にして、分類作業に疲れ果てていたのです。いくら整理してもうまくいきません。それに、整理すること自体が精神的ストレスになります。

「それなら、分類をやめて時間順に並べてしまったらどうか?」と思いついたのです。目的は書類を見つけ出すことであって、整理することそれ自体ではありません。「見つけ出すのに適当な方法を考えればよいのだ」と思ったのです。

執筆作業はだいぶ前からPCに移行していましたが、この当時は、まだかなりの分量の紙の書類があったのです。

ずいぶん後になってから知ったことですが、この頃、コンピュータサイエンティストも同じ問題を考えていました（コンピュータの「キャッシュ」と言われるメモリー装置の設計に関する問題です）。彼らが到達した考え方も、基本的には「超」整理法と同じものでした。このことは、ブライアン・クリスチャン、トム・グリフィスの『アルゴリズム思考術』（早川書房、2017年）の中で紹介されています。

その後も、『「超」勉強法』（1995年）、『続「超」整理法・時間編』（1995年）、『「超」発想法』（2000年）、『「超」文章法』（2002年）などの書籍を出版しました。『「超」勉強法』は、その年のベストセラー第2位になりました。

これらはいずれも、私自身が仕事や勉強の効率化のために普段から実行していたことをまとめたものです。

インターネットに対する考えを変える

暫くして、インターネットが使えるようになりました。一橋大学でもインターネットの回線が設置されたのですが、電話線を用いた通信なので、きわめて効率が悪いものでした。

Windows 95が発売され、1996年には、日本で初めてのポータルサイト「Yahoo! JAPAN」がサービスを開始。しかし、その当時のインターネットは、通信速度がきわめて遅かったため、仕事に使えるようなものかどうかに、私は疑問を抱いていました。

96年に『パソコン「超」仕事法』という本を出版したのですが、その中では、インターネットに対する懐疑的な考えを書いています。

ところが、アメリカで研究会があったとき、ある参加者から、ウェブでいろいろな情報が得られるようになっていると聞きました。そこで、アメリカ政府のHUD（住宅都市開発省）のサイトにアクセスすると、実にさまざまな情報が得られたのです（その当時、日本には見るべきサイトがほとんどありませんでした）。

これをきっかけに、私はインターネットの重要性に気づき、週刊現代に「インターネット案内」という連載を始めました。インターネットの「ポータル」を作りたいと思ったのです。これは、その当時Yahoo!がやろうとしていたことと同じです。

ジェフ・ベゾスがシアトルの倉庫でアマゾンを始めたのも、この頃です。アメリカに出かけて彼にインタビューすることを週刊現代が企画したのですが、実現しませんでした。

この頃の私は、Yahoo!やアマゾンとそれほど違わない位置にいたことになります。グーグルはまだ誕生していませんでした。

ちょうどこの頃、日本でＩＰアドレスの配布が始まりました。私は、「noguchi. co. jp」というドメイン名を簡単に獲得できました。いまとなっては、こうした簡単なドメイン名を獲得するのは難しいでしょう。

先端研に移ってからは研究室がいくつも利用できたので、学生を集めてプロジェクトを開始し、彼らの協力を得て、89年にホームページを開設しました。このホームページは、いまでも続いています。

4　製造業が垂直統合から水平分業へ

水平分業が新しいビジネスモデルに

右に見た変化は、製造業の生産方式に根本的な影響を与えることになります。製造業において、「垂直統合から水平分業へ」という動きが世界的に起きたのです。

それまでの製造業の生産方式の主流は、「垂直統合型」と呼ばれるものでした。これは、一企業が、工程の最初から最後までを行なうものです。

それに対して、「水平分業型」と呼ばれる生産方式があります。これは、すべての工程を一つの企業の内部で行なうのではなく、複数の企業がさまざまな工程を分担して受け持ち、あたかも一つの企業のように生産活動を行なう方式です。

水平分業方式は、最初、PC（パソコン）の生産で行なわれました。OS（基本ソフト）の開発をマイクロソフトが担当し、CPU（中央演算装置）の生産はインテルが担当。そして、デルコンピュータやコンパックなどのメーカーが組み立てを行なう、という方式です。

1980年代において、日本のPCメーカーの生産は垂直統合方式で行なわれていました。ところが水平分業方式が広がると、日本メーカーは対応することができず、短期間のうちにシェアを落としたのです。次項で述べる「コンパックショック」の背景には、こうした変化があります。

中国をはじめとする新興国が工業化すると、水平分業方式の有利性が増します。

アップルは垂直統合方式でPCを生産していましたが、2004年の iPod の生産から水平分業に転換。そして、製品の開発と設計、販売という、入口と出口の仕事に集中するようになりました。アップルの設計をもとに、世界中の企業が部品を生産し、それをEMSのフォックスコンが中国で組み立てるのです。こうして、水平分業方式が製造業の新しいビジネスモデルになったのです。

格安パソコンは世界経済の構造変化の結果だった

第1章の3で述べたように、1993年頃から円高が進展しました。教科書には、「円高になると、輸出が減って輸入が増えるので、貿易黒字が減る」と書いてあります。しかし、現実に起きたことは、これとは違うものでした。

85年の第1次円高ショックでは、輸出は減ったものの輸入も減ったので、黒字はあまり減りませんでした。

90年代中頃の第2次円高ショックでは、輸出は増えたのですが、輸入がもっと増えたので、黒字が減少しました。

このとき輸入でとくに顕著に増えたのが、PCです（パソコン：貿易統計では、いまでも「電算機」という名称になっています）。93年から95年にかけて、輸入額は2・2倍になりました。数量で見ると、4・1倍もの増加です。

これは、「コンパックショック」と呼ばれました。それまで名前を聞いたこともなかったアメリカの「コンパック」というPCメーカーが、価格を大幅に引き下げた製品を売り出したのです。

これに円高効果が重なり、日本でそれまで50万円程度だったPCが、なんと92年には13万円弱という信じられないほどの価格になりました。私もこの話を聞いたとき、「何かの間違いではないか?」と思ったほどです。多くの人がそのように思ったでしょう。

価格がこのように安いにもかかわらず性能が悪いわけではなかったので、コンパックは爆発的に売れました。そして、それまで日本の「国民機」と言われていたNECの98シリーズのPCが、大きな打撃を受けることになったのです。

エレクトロニクス関連製品の輸入が急増

輸入が急増したのはPCだけではありません。それ以外のエレクトロニクス関連品の輸入も増加しました。半導体、音響映像機器、通信機の輸入は、1993年から95年の間に、2倍近くに増えました。

つまり、このときに生じた輸入増は、コンパックという一企業の製品に限られたものではなく、エレクトロニクス産業に生じた世界的な構造変化の結果だったのです。

それまでの円高は、日本経済にあまり深刻な打撃を与えませんでした。第1次円高ショックは、円高不況と言われる状況をもたらしはしましたが、結果的には(日銀の公定歩合引き下げを通じて)、株価と地価のバブルを引き起こしました。それ以前を見れば、71年のニクソンショック後に変動相場に移行してから、ほぼ継続的に円高が進んだものの、日本経済は成長を続けました。

第2次円高ショックは、世界経済の構造変化と重なったために、日本経済に打撃を与えたのです。為替レートの変動そのものより、構造変化の影響のほうが大きかったと考えることができます。これは、90年代の中頃から98年頃までは円安が進展したにもかかわらず、日本経済の状況が改善しなかったことを見ても確かめられます。

製造業で新興国と競争はできない

こうして、1990年代以降、新興国の工業化、情報通信技術の革新、それによるビジネスモデルの変化が同時に進みました。このような基礎的経済条件の大転換は、日本経済の基礎を揺るがすものだったのです。

それまで日本が行なってきた製造業のうち、重化学工業と組み立て製造業は、中国が低コストで効率的にできるようになりました。中国には農村から供給されてくる安価な労働力が大量に存在します。中国が大量生産分野を担当して生産を行なうことで、工業製品の価格は世界的に下落しました。

日本の製造業が中国メーカーと製造過程でのコスト安競争を行なっても、消耗するだけで、勝ち目はありません。時代は大きく変わったのです。

日本国内で生産を行なう企業は、次第にコスト競争についていけなくなっていきました。日本企業も、中国などのアジア諸国に進出して、そこで生産を行なわざるをえなくなってきたのです。

このような環境変化の中で先進国が目指すべき道は、アップルのように、開発・研究や販売という付加価値が高い分野に特化し、新興国の製造業と棲《す》み分けの上で協業してゆくことです。

さらに、技術革新が相次ぐ先端サービスやＩＴ（情報技術）など、先進国の企業が優位を発揮できる分野に特化してゆくことです。しかし、どちらも、日本型大企業が不得意な分野でした。日本企業はそれらに対応することができなかったのです。

金融政策では解決できない問題

以上で述べたのは、20年前のことです。しかし、これは現在の問題でもあります。なぜなら、日本経済をどう運営すべきかは、このときからの日本経済の不調をどう理解するかにかかっているからです。

１９９０年代の不況の原因として普通指摘されるのは、金融機関の不良債権問題です。確かに金融機関の立場から見れば、これはきわめて重要な問題でした。そして、これによって日本の金融構造が変わったのは、間違いない事実です（この問題は、第3章で詳しく論じます）。

しかし、不良債権問題は、基本的には金融機関に限定された問題だったと考えることができます。日本経済を全体として見た場合に重要だったのは、以上で述べた世界経済の構造変化だったのです。これは、ＩＴの進展と新興国の工業化によってもたらされたものであり、供給面で起きた変化です。したがって、金融政策では対処できない問題です。

金融緩和をすれば、円安になります。円安が進行している間は、物価が上がります。そして企業利益が増加して、株価が上がります。しかし、これは一時的な現象に過ぎません。

それにもかかわらず、金融緩和で円安にすること、それによって「デフレ脱却」をすることが目的とされました。

そして、為替・金融政策に期待がかけられました。93年以降、断続的に円売り・ドル買い介入が行なわれていましたが、これが、その後の量的金融緩和と大規模な為替介入につながっていきます。

日本経済は、いまに至るまで、この路線上の経済政策を続けています。実際、第8章で述べるように、２０１３年には、こうした考えに基づいて大規模な金融緩和が導入されました。

大英博物館だったイギリスが復活した

第2次世界大戦後、イギリスの経済的地位は低下する一方でした。生産設備は老朽化し、社会階級の対立は激しく、経済活力は失われ、1970年代には「英国病」とか「ヨーロッパの病人」と呼ばれるほどに状況が悪化。73年のオイルショックがこれに追い打ちをかけました。

この状況を改善しようと79年に登場したのが、マーガレット・サッチャー首相です。しかし、事態は簡単には変わりませんでした。

この当時、私はイギリスの研究者と共同プロジェクトを行なっていたのですが、彼らは、「イギリス全土が大英博物館になってしまった」と自嘲《じちょう》していました。確かにそのとおりで、地方都市に行くと、大英帝国の繁栄を象徴する豪華な市役所の庁舎がある半面、町に活気はまったくありません。「過去の壮大な遺産があるだけ」という、まさに博物館の光景でした。

90年代の初め頃、イギリスの一人当たりGDPは、日本の半分程度でしかありませんでした。これだけ差が開いてしまっては、イギリスが日本を超えることなど絶対にありえないと誰もが考えていました。しかし、その「ありえないこと」が現実に生じ、イギリスは復活したのです。

それは、製造業の復活によって生じたのではありません。実際、製造業はいまに至るまで弱いままです。

イギリスを復活させたのは、高度サービス産業

イギリス経済を復活させたのは、高度なサービス産業、とりわけ金融業です。金融とその関連サービス業の雇用は飛躍的に増えました。金融産業は、１９９０年代以降、成長を続けるイギリス経済の牽引役です。

もう一つ私が注目したいのは、情報や知識に関わる基礎的なインフラストラクチャーが、イギリス経済が最悪であった時代においても、依然として強かったことです。

とくに、大学です。オックスフォード大学やケンブリッジ大学に、日本の大学はついに追いつけませんでした。

製造業は惨憺《さんたん》たるありさまになったにもかかわらず、情報・知識の分野では、イギリスは継続的に強かったのです。

そして、86年の「ビッグバン」（金融業における規制緩和）が、これを後押ししました。金融機関の激しい競争が生じ、イギリスの金融機関のほとんどが市場から淘汰《とうた》されて、活躍するのはアメリカやヨーロッパ各国の外資系金融機関ばかりという状態になったのです。これは、しばしば「ウィンブルドン現象」と呼ばれます。しかし、それによって、実力のある金融機関だけが生き残るという現象が進んだのです。

２００４年におけるイギリスの一人当たりＧＤＰは、日本を上回る値となりました。イギリ

スは日本より豊かな国となったのです。

アメリカでも新しい産業が成長しつつあった

第1章の1で、1980年代にデトロイトを訪れたとき、都心部が廃墟のようだったと述べました。日本からの輸出に押されて、アメリカの自動車産業が破綻しかかっていたからです。

しかし、デトロイト都市圏が全体として駄目になったわけではありませんでした。

このとき、私は、デトロイトの都心から20キロほどの郊外にあるサウスフィールドという街に泊まったのですが、ここにある現代的なビル群と街の活気に圧倒され、デトロイト中心部とのあまりの違いに驚愕《きょうがく》した覚えがあります。

この頃すでに、アメリカでは新しい産業の成長が始まっており、サウスフィールドは、デトロイト都市圏の新しいビジネスの中心地として成長しつつあったのです。いまでは、マイクロソフトやシスコなどハイテク企業がオフィスを構えています。

同じことは、他の都市でも始まっていました。

例えば、ピッツバーグ。ここは、1875年、アンドリュー・カーネギーが鉄工所を創設し、鋼の生産を始めたところです。この鉄工所は、後にカーネギー・スチール・カンパニーとなりました。1901年には、他の鉄鋼2グループと統合され、アメリカ最大の鉄鋼会社USスチールが設立、同市に本社が置かれました。10年代には、全米で生産される鉄鋼の3分の1から2分の1がピッツバーグで生産されました。

しかし、70年代から80年代に、アメリカの鉄鋼業は衰退しました。工場は相次いで閉鎖に追い込まれ、町には大量の失業者が溢れました。製鉄工場の廃墟と公害が残り、アメリカで最も住みにくい都市の一つに転落したのです。

ところが、ピッツバークは、その後、蘇《よみがえ》りました。ハイテク産業をはじめ、保健、教育、金融を中心とした産業構造に転換したのです。とりわけ、健康医療産業の成長が著しく、同市は、いまでは全米2位の医療研究都市となっています。世界中から企業や民間研究機関がピッツバーグに集まって、巨大な医療産業集積が形成され、医療産業を核に地域再生繁栄の成功例として注目されています。

クリーブランドも同じです。ここは五大湖上を運ばれてきたミネソタ産の鉄鉱石と、鉄道で運ばれてきたアパラチア産の石炭が積み下ろされる地で、鉄鋼産業や自動車産業が発達しました。20年には人口が約80万人となり、全米第5の都市になりました。

しかし、60年代以降、重工業は衰退し、市も貧しくなって、78年には債務不履行に陥りました。市は衰退の一途をたどり、60年代から70年代にかけては、「Mistake on the Lake（湖岸の過ち）」とか「アメリカで最も惨めな都市」と呼ばれたほどです。

ところが、その後、衰退した製造業に代わって、金融、保険、医療産業など、高度なサービス業が発展したのです。クリーブランドでは、もともと医療産業が強かったのですが、有力な医療機関が集まり、さらに、医療機器のサプライヤーやヘルスケア産業関連の企業が多数集積して、医療産業都市を形成しています。いまでは、クリーブランドは「Comeback City（復活の街）」とか「アメリカで最も熱い町」と言われています。

新しい産業を見出《みいだ》した都市は、目覚ましく発展したのです（ただし、それがはっきりした形で現れたのは、90年代後半以降のことです）。

また、アメリカの大学は、戦後ずっと世界学術研究を主導する立場にありました。これもイギリスと同じです。

5　世界が変貌しつつあるさまを見た

壁が撤去されて美しい湖が現れた

2001年、ドイツ、アメリカの研究者との共同研究の会議が、ドイツのポツダム（ベルリン郊外の町）で行なわれました。

　ポツダムには、冷戦時代にも訪れたことがあります。ベルリンで開かれた学会の「遠足プログラム」で、バスで出かけたのです。

　再訪して、まず拍子抜けしたのは、ベルリンからポツダムまで、あまりにも簡単に移動できたことです。ベルリンの壁があったときには、そこを通過するだけで2時間もかかりました。ところが、01年には、高架電車で30分もかからずに到着しました。

　もう一つ驚いたのは、ポツダムが美しい湖に面した町であると知ったことです。冷戦時代に訪れたときに湖など見なかったのは、一体どうしてでしょう？

　これについてドイツの一参加者から教えてもらった答えは、仰天すべきものでした。湖自体は（当然のことながら）冷戦時代にもあったのですが、市民が泳いで西ベルリン側に逃げるのを防ぐために、湖の周りをすべて壁で囲んでしまっており、見えなかったというのです。研究会が行なわれたホテルの前の道路は、冷戦時代には、ソ連の戦車が毎日パトロールしていたということです。

　研究会の参加者の一人は、当時東ベルリンにいた恋人と戦車を見ながら逢《あ》い引《び》きを重ね、結婚にこぎ着けたそうです。

　このときの研究会のドイツチームのリーダーは、私より少し年上の教授でした。彼から、

「第2次大戦の末期に、東部地区から、母親とともに命からがら逃げてきた」という話を聞きました。私は東京大空襲で生き残った話をしたのですが、「こういう話をできるのはドイツ人とだけだ。アメリカ人とは決してできない」としみじみ思いました。また、「この人は私と同世代なのだ」と強く感じました。

「ドイツの時代」にならなかったのはなぜか?

このときにもドイツのアウトバーンを走ったのですが、旧東ドイツ地区が成長する可能性を感じました。そして、東と西が統一すれば、ドイツの時代になるのではないか? 私は、そう思ったのです。

オリンピックのメダルの数を見ても、そうなる可能性がありました。冷戦時代には、西ドイツと東ドイツのメダル数を合わせれば、世界一だったのです。

その感想をあるドイツ人の友人に話すと、「そんなことにはならない」という反応が返ってきました。確かに、彼が言うとおり、そうはなりませんでした。

いま振り返ると、その理由が分かります。それは、ドイツの産業構造が、それ以後の時代の環境に適合したものではなかったことです。1980年代、90年代に生じた世界経済の変化に日本の産業界が適切に対応できなかったように、ドイツも環境変化にうまく対応できなかったのです。

円高の恩恵を満喫した海外旅行

１９９０年代には、頻繁に海外に出かけました。まずは学者同士の研究会。また、90年代には、イタリア、ミラノのボッコーニ大学の客員教授として、集中講義を何回か行ないました。そして、ボッコーニ大学の教授たちと友人になりました。

90年代には、家族を連れての外国旅行も、何回もしました。円高になったので、海外旅行が簡単になったのです。大名旅行といってもよい旅行を楽しめました。

ロンドンのクラリッジズホテルに泊まったり、一度はロンドンから一度はグラスゴーから、スコットランドの西海岸までドライブしてスカイ島まで行ったり、ドイツ・アルペン街道を走ってオーストリア近くにあるケールシュタインハオス（イーグルズネスト）というかつてのヒトラーの山荘を訪ねたり、アメリカの西海岸をシアトルからサンディエゴまで何回かに分けて走ったりしました。

ちょうどこの頃、子供たちが自動車運転免許証を持てるようになり、しかも学生だったので時間が自由であったため、ドライバーを交代しつつ長距離をドライブできるようになったのです。私の家族のそうしたライフサイクルが、たまたま円高と重なったのは、誠に幸運なことでした。

80年代の海外旅行は、国際会議や共同研究の研究会で、費用は主催者持ちでしたが、90年代には、自費で観光旅行ができきました。円高のためにこんなことができたのです。

円高は企業にとっては大変なことですが、消費者や外国への旅行者にとってはありがたいことです。いまの実質為替レートは当時の半分ぐらいになってしまったので、日本人は、もうこの頃のような豪華な海外旅行をすることはできないでしょう。

2001年9月には、アメリカ、ニューヨーク市の世界貿易センタービルがハイジャックされた旅客機に攻撃されるという同時多発テロが発生しました。「誰もがそのときに何をしていたかを鮮明に覚えている事件」というものがあります。この事件は、間違いなくその一つです。

私はこのとき、家族と一緒にテレビを見ていた状況をはっきりと覚えています。

第3章

90年代末の金融大崩壊

1　大企業や金融機関の不祥事件が顕在化した

イトマン事件で闇世界の勢力が姿を現す

１９８０年代後半にバブルで暴騰した日本の地価は、１９９１年から下落を始めました。それとともに、バブルにからむ事件が続発しました。

中でも社会に衝撃を与えたのが、「住友銀行・イトマン事件」です。イトマンは、１８８３年創業の名門繊維問屋で、この頃には商社に脱皮していました。社長は、住友銀行出身の河村良彦です。

河村は、地上げのプロ、伊藤寿永光《すえみつ》を連れてきました。そして、伊藤は許永中《きょえいちゅう》という得体の知れない人物を連れてきました。

伊藤は１９９０年2月に理事としてイトマンに入社。さらに常務に昇進して、それまで自分で手がけていたプロジェクトに、イトマンを引きずり込みました。そして、ゴルフ場開発への融資や絵画の買い入れという形で、巨額の資金をイトマンから引き出していったのです。その総額は、２５００億円にのぼりました。

絵画の代金として振り出したイトマンの手形が、90年9月に街の金融会社に持ち込まれ、そのコピーが出回るという事件が起きました。一部上場企業の手形が金融業者に流れるのは、尋常なことではありません。

10月7日には住友銀行の磯田一郎会長が辞任しました。伊藤は解任され、住友銀行から調査部隊がイトマンに乗り込んできました。

それまでの日本では、闇世界の勢力やそれと密接につながる人々が表の世界に顔を出すことはありませんでした。しかし、イトマン事件では、そうした人々が一部上場の大会社に堂々と姿を現したのです。そして、会社を思うままに操り、食いつくしました。

闇世界と大企業がどこかでつながっているだろうとは多くの人が想像していましたが、これほどあからさまなつながりがあったとは知りませんでした。イトマン事件が日本社会に強い衝撃を与えたのは、それが従来の日本における経済事件とは異質のものだったためです。

この時期には、この他にも、富士銀行不正融資事件や興銀尾上《おのうえ》詐欺事件など、金融機関の不祥事が明らかにされました。

しかし、これらは、担当者の個別的事情で引き起こされた特殊な不祥事件に過ぎないと考えられていたのです。

二信組事件で大蔵官僚との関係が暴かれる

1993年8月、宮沢喜一内閣が総辞職し、自民党政権が崩壊、非自民連立の細川護熙《もりひろ》内閣が成立しました。政治面での「55年体制」(55年当時、与党は保守で、野党は革新だった。このとき、保守側で自由党と日本民主党が合併して「自由民主党」となり、革新側で左派と右派に分裂していた日本社会党が再統一してできた体制)が終わったのです。94年4月には羽田孜《つとむ》連立内閣が、6月には村山富市連立内閣が成立しました。

95年1月に、阪神・淡路大震災が勃発し、3月にはオウム真理教による地下鉄サリン事件が起きました。このように、日本社会をゆるがす大事件が立て続けに起こり、人々は突然目覚めて、廃墟の真っただ中にいることに気づいたのです。

この頃から、日本社会の空気が急速に悪化していきました。

90年代の末にかけて、銀行の不良債権がつぎつぎに明らかにされ、金融機関の破綻が相次ぎました。これを押し止《とど》められないという絶望感が広がり、終末論が流行しました。

94年秋に、東京都と大蔵省が合同で東京協和信用組合と安全信用組合に検査に入り、巨額の不良債権を見出しました。これが「二信組事件」の発覚です。

そして、ＥＩＥとの関係や、ＥＩＥと大蔵官僚との関係が暴かれていきました。ＥＩＥとはリゾート開発会社で、その社長である高橋治則が東京協和信組の理事長でした。そして、彼の親友が安全信組の理事長だったのです。

第1章の1で述べたように、ＥＩＥは、80年代の不動産バブルの時代にゴルフ場開発で巨額の利益を得、海外のリゾート地開発に乗り出していたのです。長銀（日本長期信用銀行）がＥＩＥのメインバンクとなり、資金を供給していました。

91年末のＥＩＥの資産は、６０００億円を超えました。ＥＩＥグループ全体では1兆円超え。これは、老舗の不動産会社である三菱地所の資産1兆７８９５億円に比肩しうる数字です。

しかし、問題は、その内容です。借入額が６０２７億円もあったのです。このため、年間の支払い利子額は、約４００億円に及びました。

その半面で、売り上げは数十億円しかありません。これは、保有資産が永久に値上がりし続けない限り維持できない構造で、まさに「砂上《さじょう》の楼閣《ろうかく》」です。

バブルが崩壊して、楼閣はあっけなく崩れました。バブル期に最高３０００万円で販売されたロイヤルメドウというゴルフコースの会員権は、バブル崩壊後、数十万円に暴落するような事態となりました。

93年に長銀はＥＩＥに対する支援を打ち切り、その後、高橋は右の二信組を資金源にしていたのです。当然のことながら、融資の大半は焦げ付きました。

95年1月に東京共同銀行が設立されて、正常な債権と事務を受け継ぎ、不良債権は共同債権買取機構が買い取ることとなりました（東京共同銀行は、その後、整理回収銀行になります。さらに、住宅金融債権管理機構と合併し、整理回収機構となりました）。

ところが、日本銀行と民間金融機関が出資を実施した後で、東京都が低利融資を凍結してしまったため、当初の案は軌道修正を余儀なくされました。4月には、「二信組に財政支出はしない」と公約していた青島幸男が東京都知事に当選。事態はさらに混迷を深めました。

住専処理で国会審議が大混乱

これと並行して、住専（住宅金融専門会社）の不良債権問題が表面化しました。

「住専」とは、もともとは個人向けの住宅ローンを専門に行なうために、銀行などが共同出資して1970年代に設立された金融会社です。ところが、80年代になって銀行が住宅ローンに進出したため、住専本来の業務が伸びなくなりました。

このため、住専は、投機的な不動産融資にのめり込んでいったのです。融資の中には、桃源社や末野興産など、後に起訴された問題企業に対するものも含まれていました。

95年夏、大蔵省は住専8社に立ち入り調査を行ない、8兆円を超える巨額の不良債権を発見しました。農林系金融機関が住専に余剰資金を投入していたのですが、損失負担を拒否したため、この処理は政治問題化したのです。

住専に公的資金を注入して救済すべきかどうかが、96年の国会審議での最重要課題となり、「住専国会」と呼ばれて審議は大混乱に陥りました。

住専処理は激しい逆風の中での困難な作業となり、負担の分担をめぐって揉《も》めに揉めたあげく、予算内示の直前に6850億円の財政資金投入が決まりました。

12月29日に篠沢大蔵事務次官が辞任を表明。翌96年1月には村山内閣が総辞職しました。

2　大蔵省スキャンダル

スキャンダルで大蔵省が権威失墜

この頃、ＥＩＥ高橋の周辺から、大蔵省スキャンダルが漏れ出してきました。1995年3月、高橋が田谷廣明東京税関長に対する接待（自家用機での香港旅行など）を国会で暴露。中島義雄大蔵省主計局次長との交際も明らかになり、2人は大蔵省から訓告《くんこく》処分を受けました。

6月に高橋が二信組に対する背任の容疑で逮捕され、7月には中島がサイドビジネス疑惑を大きく報道されて、大蔵省を辞職しました。

こうして大蔵省スキャンダルが暴かれ、日本中が蜂の巣をつついたような騒ぎになりました。私は、渦中にあった人を、最初は「騒ぎになって気の毒」と慰めたことがあります。しかし、暫く後に、信じられないようなことが報道されました。「私の知らないところで、こんなことが行なわれていたのか」という驚きは、やがて「信頼していた人に裏切られた」という苦く複雑な思いに変わっていったのです。

私は、かつての同僚や上司が、巨大な渦に巻き込まれていくさまを目の当たりにし、それらの人々の人生が大きく変わってゆくのを見ました。

多くの人が、事態解決のために奮戦しました。しかし、結果ははかばかしくなく、社会の強い批判を浴び、複数の人がスキャンダルにまみれ、表舞台から退場していきました。そして、何人かの人は自殺したのです。

大蔵省に対する社会の信任が完全に崩壊

こうした過程の末に、大蔵省に対する社会の信任は、完全に崩壊しました。

バブル期における大蔵官僚のモラルは、それ以前の時期に比べて低下したと思います。世上、批判の対象となったのは、過剰接待です。もちろんそれは問題ですが、つぎの2つがもっと深刻な問題だと、私は思います。

第1は、「有力な政治家さえ押さえておけば、政策は実行できる。その他はどうでもよい」という考えです。「善人でも悪人でも、強い人を味方につければよい」というマキャベリズムは、昔から大蔵省にあったものです。しかし、社会全体の暗黙のサポートがあったからこそ、それでよかったのです。社会的信任が崩壊すれば、いかに強力な政治家がバックアップしてくれたところで、どうにもなりません。その当然のことを、大蔵省は、このときに思い知らされました。

第2は、暗黙のサポートを獲得するには、道徳的な潔癖性だけでなく、理論的な正しさが不可欠であるにもかかわらず、それが不十分だったことです。伝統的な大蔵省では、「そこまでやる必要はないだろう」というほどの厳密な論理的ツメが行なわれました（私は、主計局で仕事をしていたとき、法規課の緻密《ちみつ》すぎる議論にしばしば辟易《へきえき》させられました）。しかし、不良債権処理時の大蔵省では、それが弱くなりました。

このときからすでに20年以上が経っています。問題は、それに代わる新しいシステムが構築されていないことです。日本の統治機構は、明らかに劣化しています。

2018年の3月には、国有地の森友学園への払い下げに関する決裁文書を財務省が改ざんするという事件が発覚しました。「社会的信任こそ財務省の権限の拠《よ》り所である」ということを、財務省は結局のところ学習しえなかったのです。

3　山一破綻

膨らんだ含み損

山一證券は、1897年（明治30年）創設の名門証券会社でした。1997年8月11日にその第13代にして最後の社長となった野澤正平氏は、巨額の簿外損失を知らされずに社長に就任したのです。

野澤社長がこれを知るのは、8月16日のことです。3人の役員がやってきて、「簿外の含み損が2600億円あります」と告げました。

山一の当時の自己資本は、約4000億円です。その半分を超える巨額の損失があるというのです。しかも、それを粉飾という犯罪行為で隠しています。説明の間中、野澤社長は一言も発せず、手がだらりとたれて、うつむいたままでした。説明が終わっても、椅子から立ち上がれなかったといいます。

野澤社長は、19日に、前会長の行平《ゆきひら》次雄顧問に「どうするつもりだったんですか」と問いただしました。しかし、返ってきたのは、「業績をあげれば、そのうちに消せるだろう」という、無責任きわまりない答えだけだったそうです。

営業特金、飛ばし、宇宙遊泳

すべての元凶は、「営業特金」です。これは、法人の資金を一任勘定で預かり、運用するものです（山一以外の証券会社も、類似のことを行なっていました）。自由に売買できるので、手数料は稼ぎ放題。証券会社は、これを相場操縦にも使いました。法人側は、一任勘定で預けるので、利回り保証を求めました。

ところが、株価が下落してくると、営業特金は巨額の損失を抱えることになります。そこで行なわれたのが、「飛ばし」です。これは、含み損を抱える株式を、各社に一時的に引き取ってもらうことです。

このために便利に活用されたのが、決算時期が他社とずれている東急百貨店です。決算が迫っている会社が保有している株式を東急百貨店に移し、東急百貨店の決算期になると、また別の会社に移し……という操作を繰り返します。そのうち、どこが振り出しかが分からなくなってしまうものも出てきました。これは「宇宙遊泳」と呼ばれました。

１９９７年9月には、利益供与容疑で、三木前社長や役員らが逮捕されました。これによって山一の信用が失墜し、顧客離れと株価下落が加速しました。10月に入り、山一から富士銀行に対して、含み損の報告と支援の要請が行なわれました。しかし、富士からは、予想を超える厳しい回答しか返ってきませんでした。同時期に、コメルツ銀行、クレディ・スイスグループなど外資との提携に向けて懸命の努力がなされましたが、いずれも合意に至りませんでした。

自主廃業

1997年11月になると、事態は急展開しました。3日に三洋証券が破綻し、つられて、山一の株も売りたたかれたのです。短期の資金繰りにも窮する事態となり、11月末を越えられるかどうかという状態に陥りました。

17日、北海道拓殖銀行が破綻。19日、大蔵省の長野厖士《あつし》証券局長が野澤社長に伝えました。「自主廃業を選択してもらいたい」

野澤社長は「局長、なんとか助けてください」と訴え、頭を下げました。

22日。日本経済新聞朝刊が「山一自主廃業へ」の記事を掲載。山一の大部分の役員と社員は、新聞記事で初めて「自主廃業」という言葉を知ったのです。

24日。この日は月曜日ですが、振替休日のため休業日でした。山一は午前6時からの臨時取締役会で自主廃業を決議。大蔵大臣に営業休止の申請を行ない、午前11時30分、野澤社長が記者発表に臨みました。

記者からの質問が尽きかけると、野澤社長は突然立ち上がり、涙を流しながらマイクが割れるような大声で言いました。「社員らは悪くありませんから！　みんな私たちが悪いんですから。お願いします。再就職できるようお願いします！」

翌98年の3月、行平、三木らが、虚偽の有価証券報告書を作成した容疑などで東京地検により逮捕。自主廃業の方向で事務処理を進めましたが、98年6月の株主総会で解散決議に必要な株主数を確保できなかったため、破産申し立てに方針転換し、99年6月に東京地方裁判所から破産宣告を受けました。

4　長銀破綻

特権的組織の迷走

1952年に設立された長銀（日本長期信用銀行）は、戦後の日本において、頂点に位置する特権的組織の一つでした（注）。このようなエリート組織がよもや破綻しようなどと、誰が想像できたでしょう？

就職を控えた学生の間では、長銀は抜群の人気があり、成績が非常に良くないと入れませんでした。行員数も都市銀行に比べれば格段に少なく、少数精鋭のエリート集団でした。

80年代になって大企業の「銀行離れ」が進行し、長期信用銀行は危機的な状況に直面しましたが、こうした事態への積極的な対応策を、長銀はいち早く打ち出していました。

85年に「第5次長期経営計画」を策定し、投資銀行への方向づけを実施。これは、社債の引き受け、M&A斡旋《あっせん》業務、デリバティブ業務など、高度の金融サービスを提供する銀行へと転換する計画です。

しかし、不動産バブルが進展する中で、融資重視の伝統的銀行業務路線が行内で主流となり、投資銀行路線は放棄されました。

従来型銀行業務の延長線上に中小企業向け融資や不動産融資を拡大しようとする「第6次長期経営計画」が、89年にスタート。同年6月に堀江鉄弥が頭取に就任し、積極的な融資を展開しました。営業の現場では、ろくに担保物件も見ないまま乱脈融資に突っ走るのが、普通になってしまったのです。

ノンバンクを通じた土地担保の融資も拡大しました。長銀本体からは貸せない案件を、ここを通じて融資したのです。

EIEに対する融資は急速に増加しました。しかし、バブル崩壊で同社の経営は悪化、91年には長銀管理下に置かれました。すでに述べたように、93年、二信組問題の表面化をきっかけに、長銀はＥＩＥへの支援を打ち切りました。

（注）日本長期信用銀行は、「長期信用銀行法」に基づいて設立された３つの「長期信用銀行」の一つ。他の２つの長期信用銀行は、日本興業銀行と日本債券信用銀行。

事業継続による不良債権隠し

バブル崩壊による問題は、長銀系列ノンバンクで表面化しました。しかし、各ノンバンクはばらばらに融資をしていたので、頭取でさえ不良債権の全体像を把握できませんでした。

そこで急遽《きゅうきょ》、調査が行なわれたのですが、１９９1年末に判明したグループ全体の不良債権額は、なんと2兆４０００億円を超えていました。この報告を受けた堀江頭取が採用したのは、これらを処理することでなく、隠蔽することでした。つまり、山一と同じ路線を採ったのです。

ＥＩＥは、海外リゾートを中心に、ホテルなど建設途上の案件を多数抱えていました。これらを即時処理するのではなく、完成させてから処分するという戦略が採られました。しかし結局は、不良在庫が増えることにしかならず、当初は６００億円程度であったＥＩＥへの貸付金は、３８００億円にまで膨張しました。

また、いくつもの受け皿会社を設立し、ここに不良債権を「飛ばす」ことも行なわれました。貸し付けが不良債権化したとき、担保の土地を受け皿会社が簿価で買収し、これによって借り入れ金を返済させるのです。受け皿会社は、土地購入資金と建設資金の融資を受け、その土地に建物を建設して賃貸し、賃料で利払いをしました。こうした操作で、不良債権を、受け皿会社向けの健全債権に変えたのです。

この方式の発端は、ＥＩＥ本社ビルとして建設された虎ノ門ビルです。長銀管理下に入ったのち、関連ノンバンクから受け皿会社に売却され、それがドイツ銀行に貸し付けられました。ところが、賃貸料収入でノンバンクへの利払いをまかなえることが判明したのです。利息だけでも支払われていれば、情報開示上の不良資産の定義からは外れます。また、当局検査の査定でも不良債権と認定されることはありません。

このようにして不良債権の担保不動産に新たな資金をつぎ込んで生かし続ける方法を、長銀内部では「ゴーイングコンサーン（事業継続）」と呼んでいました。未完成の物件なら、完成させればよいということになりました。この方針に従い、静岡県の初島クラブにも、４００億円近い資金が投入されたのです。

もちろん、地価が下落を続ければ、受け皿会社の財務内容は際限なく悪化し続けます。しかし、グループ会社を使って受け皿会社を連結対象子会社にはしないことにより、財務内容は公開しなくてもよいし、当局の検査の際にも直接の対象になりません。

受け皿会社は、直系だけで19社あり、グループ全体では99社にのぼりました。19社だけでも、6960億円にのぼる不良債権隠しが行なわれたのです。

万策尽きて国有化

長銀は当初、スイス銀行（現UBS）との提携で活路を見出そうとしていましたが、交渉は進展しませんでした。

長銀の株価は、200円前後で推移していたのですが、1998年6月初め、月刊『現代』に経営危機をスクープされ、急落。そうした中で、6月26日に、住友信託銀行との合併が突然発表されたのです。

7月12日の参議院選で自民党が大敗。長銀の株価は7月22日には49円となり、額面割れに陥りました。

7月30日には小渕恵三内閣が発足。宮沢喜一が蔵相に就任しました。

実は、長銀はこれより半年前に「死んでいた」のです。国際業務を行なうために必要な自己資本比率を達成できず、スイス銀行の支援で自己資本増強を行なうはずだったのが、株価の下落でできなくなったのです。かといって、短時間で国際業務から撤収するのは物理的に不可能です。長銀は3月末の決算を越えられない事態に陥っていたのです。

しかし、97年12月末に自民党が公的資金30兆円のスキームを決め、長銀は98年3月に1766億円の投入を受けて生き延びました。当時から、これは長銀をはじめとする実質破綻銀行の延命策であると言われていました。

98年7月から10月まで開催された臨時国会では、長銀救済が最大の課題となり、「金融国会」と呼ばれました。自民党（なかんずく宏池会）は、何が何でも公的資金を注入し、長銀を延命させたい。それに対して、民主党をはじめとする野党は、破綻させて国有化したい。

自民党の内部でも、「政策新人類」と呼ばれた人々がオールドジェネレーションと対立し、民主党に同調。そして、大蔵省は機能不全状態に陥っていました。「火事場で消火の方法を議論している」と言われるほど、混迷につぐ混迷が続きました。

9月25日深夜、自民党は金融再生関連法の民主党案を丸呑《まるの》みし、「一時国有化」で決着しました。10月12日に「金融機能再生緊急措置法」が、16日に「金融機能早期健全化緊急措置法」が成立し、23日に長銀は特別公的管理の申請を行ないました。国がすべての普通株式を取得し、長銀は一時的に国有化されたのです。

9月末、金融再生委員会は長銀を、米リップルウッド・ホールディングスを中核とする国際投資組合に譲渡することを決定。2000年2月に最終譲渡契約が結ばれ、3月に新しい長銀の営業が開始、６月には銀行名が「新生銀行」と改称されました。

12月13日には、日本債券信用銀行の実質２７００億円の債務超過が認定され、金融再生法により、同行は特別公的管理下に置かれて一時国有化されました。

5　国民が負った膨大な負担は正確に認識されていない

公的資金の投入で10兆円の国民負担

18カ月間の長銀特別公的管理期間中に投入された公的資金は、約６兆９５００億円にのぼりました。あおぞら銀行（旧日本債券信用銀行）の分と合わせると、11兆円超の公的資金が投入され、約７兆７６２２億円の国民負担が確定しました。

２行を含め、破綻金融機関の処理で確定した国民負担の総額は、２００３年３月末までで10兆４３２６億円にのぼりました。国民一人当たりにすれば、約８万円です。５人家族だとすれば、40万円になります。

しかし、国民がこれだけの負担を被ったという事実は、一般にはあまり意識されていません。

住専処理に6850億円を支出したときには大騒ぎだったのに、このときは、うそのような静けさでした。

その理由は、分かりにくい形で負担が生じたからです。住専の際には負担額が予算に計上されて明確に示されたので、強い拒否反応が生じました。それに対して、公的資金投入は預金保険機構からの支出で行なわれたので、投入時にはどれだけが国民負担になるかが分かりません。後になって負担額が分かっても、多くの人は金融危機のことなど忘れてしまっていたのです。

生き延びた銀行は、合併を繰り返して巨大化し、潰れにくくなりました。しかし、それによって日本の金融システムが本当に生まれ変わったわけではありません。銀行の名前が変わっただけのことだったとも言えます。

無税償却で法人税が39兆円減少

日本の土地資産の総額は、1990年の2452兆円から2004年の1244兆円にまで減少しました。しかし、これは、単なる計算上のものです。バブル崩壊で財産が実際に消失したわけではありません。戦災や大災害で財産が滅失《めっしつ》したのとは、本質的に異なります。

損失は、まず、金融機関に注入された公的資金のうち、損失が確定した分です。これは、国民（納税者）が負担しました。その額は、右に述べたように、10兆4326億円です。

ただし、納税者が負担したのはこれだけではありません。それについて以下に述べましょう。金融庁の資料によると、全国銀行の不良債権処分損の1992年から06年までの累計は、約97兆円です。簡単に言えば、貸し出しのうち、これだけが回収できず（あるいは、その見込みがなく）、銀行は損失処理したのです。

ところで、バブル崩壊前の日本の税制では、貸出先が破綻せずに存続している限りは、その損失を法人税での損金とすることを認めていませんでした（仮に無条件で認めれば、いくらでも利益操作が可能になってしまうからです。損金とせずに償却することを「有税償却」といいます）。

ところが、不良債権の処理を本格化させるために、一定の条件の下で、「貸出先が破綻していなくとも損金扱いを認める」ことにしたのです（これを「無税償却」といいます）。これによって、不良債権の処理が進展しました。

不良債権処分損のうち、どれだけが無税償却だったのかは分かりません。ただし、大部分は無税だったのではないかと想像されます。仮に全額が無税償却だったとすると、前記の97兆円弱に法人税実効税率（国税と地方税を合わせて重複を除外した税率）をかけた分だけ、銀行の税負担が減ったことになります。実効税率は約40％ですから、その額は約39兆円です。90年代以降、法人税収は激減したのですが、その大きな原因の一つは、ここにあったのです。

一家計当たり平均192万円の負担

不良債権の無税償却は、もともと認められている措置でなく、特例です。ですから、銀行に対する補助金が39兆円支出されたとみなすことができます。

公的資金による損失分約10兆円と合わせれば、納税者の負担は、約49兆円にのぼったことになります。国民一人当たりでは約38・5万円、5人家族なら192万円です。これは平均値ですから、納税額が多い人なら、間違いなく1000万円のオーダーになっています。

これだけの額を、銀行の放漫融資の尻拭いのために納税者が負担させられたのです。しかも、それが、きわめて分かりにくい形で生じたため、多くの人は、負担を課されたこと自体を認識していません。

そして、他方では得をした人がいます。銀行から融資を受けて返済しなかった企業です。しかし、それが誰なのかは、分かりません。これほど不合理なことがまかり通る国は、世界広しといえども、日本だけでしょう。

不良債権処理を助けたことで、大部分の銀行は生き延びました。日本の金融システムは、大混乱に陥ることなく、維持されました。もし大規模な金融混乱が起きていたら、別の形でコストが発生していたかもしれず、それは右で述べた現実の額より大きくなった可能性もあります。

しかし、金融システム安定化のために納税者が支払ったコストは、とてつもなく大きなものだったのです。

「いまさらこんな計算をしても、何の足しにもならない」と言う人がいるかもしれません。確かに、計算をしたところで、この負担を取り戻せるわけではありません。

しかし、われわれは、このことを決して忘れてはならないのです。なぜなら、われわれは、バブルの教訓を汲《く》み取っておらず、日本の金融機関の基本的な体質は変わっていないからです。経済条件が整えば、バブルは再発します。そして、国民は再び同じような負担を押し付けられるでしょう。

忘れられてはならぬことが、忘れられている

もう一つ指摘したいのは、不良債権の処理に、かくも長い時間がかかったことです。

第5章で述べるように、リーマン・ショック後のアメリカは、きわめて短期間のうちに問題を処理しました。これに比べると、大きな違いです。

そうなったのは、「地価や株価の下落は一時的なもので、時間が経てば元に戻る。だから、それまでの間、問題を隠しおおせればよい」と考えられていたからです。

例えば山一の場合、前述のように、「飛ばし」と呼ばれる処理がなされていました。これは、顧客の損失を他の顧客に振り替える複雑な操作です。この秘密が明らかにされたのは、山一が

破綻してから後のことです。他の金融機関で行なわれたことも、大同小異でした。危機が一時的と考えられたのも無理はありません。なぜなら、戦後日本の景気後退は、それまでは一時的なものだったからです。

１９９０年代の不調が世界経済の変化による構造的なものだったという認識は、ありませんでした。

このとき、日本人は、歴史認識を試されていたのです。そして、正しい歴史認識を持っていた人はいませんでした。少なくとも、企業のビジネスモデルを根本から転換させるような力にはなれませんでした。

現在に至るまで、日本経済の基本的な構造は変わっていません。ですから、このときのことをいま振り返るのは、意味があることです。

２０１８年の秋は、08年に起こった「リーマン・ショック」（第5章の3参照）から10年目に当たったため、新聞などが大きく特集を組んで、そのときのことを振り返りました。ところで、18年秋は、山一・長銀・日債銀破綻から約20年目でもあったのです。それにもかかわらず、それを振り返った記事はあまりありませんでした。

日本人は、アメリカで起こった金融危機のことはよく覚えているけれど、日本で起こった金融危機のことは忘れてしまったのです。忘れてはならないことであるにもかかわらず。

米英では金融業の大変革があった

１９８０年代における不動産バブルは、日本の金融体制が世界経済の条件変化に対応せず、不動産投資という安易な方法で利益を求めたために起こったものです。

長期信用銀行制度は、高度成長が終わって不要のものになっていたにもかかわらず、それに合わせたビジネスモデルへの転換を行なうことなく、不動産投資にのめり込んだのです。

これに対して、アメリカやイギリスでは、90年代に金融業の大変革がありました。

アメリカでは、モルガン・スタンレー、ゴールドマン・サックス、リーマン・ブラザーズなどの投資銀行が成長し、為替や債券の取引で巨額の利益を得るようになりました。

また、99年にはグラス＝スティーガル法（銀行・証券業務分離の銀行法）が廃止され、銀行業と証券業の垣根が消滅。さらに、ファイナンス理論が実務で積極的に応用され、ヘッジファンドも成長しました。

イギリスの場合には、86年の「ビッグバン」と呼ばれた金融規制緩和が行なわれた結果、イギリスの伝統的なマーチャントバンクはほとんど淘汰されてしまいました。ロンドンの金融街で活躍する金融機関は、80年代のとはまったく異なるものになったのです。

これらを実現したのは、政府の改革施策ではありません。政府が行なったのは規制緩和だけであり、改革の方向を主導したのは、市場の力です。

しかし、日本では、このような市場の力が働かなかったのです。

6 スケープゴートにされた人たち

誰かをスケープゴートにする不条理な日本社会

「日本社会が世界経済の大きな変化に対応できなかった原因は、組織に対する無定量の依存心、組織の絶対性への信仰にあった」と第1章の2で述べました。

人々は、組織は永遠に続くと思っていたのです。そして、いくらでも依存できると考えていたのです。

1980年代のソ連も、基本的には同じ状況にありました。83年の大韓航空機撃墜事件や86年のチェルノブイリ原発事故は、ソ連という国家がコントロール不能になっていることを明白にしましたが、その根底にあったのは、国家に対する人々の無制限の、しかし根拠のない依存心だったと思います。

もちろん、こうしたことで社会を維持できるはずはありません。ソ連の場合は、国家体制そのものが崩壊することによって、問題の決着がなされました。

日本の場合、国家が崩壊することはありませんでしたが、最後は、誰かに責任を押し付けることで処理が図られたのです。そうすることによって延命してきた日本社会は、不条理な社会だと考えざるをえません。

私は、つぎの2人の方のことを忘れられません。

第一勧銀の元会長、宮崎邦次氏

一人は、第一勧銀の元会長であった宮崎邦次《くにじ》氏です。氏は、1997年6月に自殺しました。その一月前に、第一勧銀による総会屋への利益供与事件が発覚していました。

私はある会合で氏とご一緒する機会があり、気さくで魅力的な人柄に惹《ひ》かれていたのです。

宮崎氏は、88年に頭取、92年に会長に就任、96年に相談役に退いていました。97年春に総会屋への利益供与事件が発覚し、事件の鍵を握る人物として東京地検の取り調べを受けていたのですが、自殺の前日にも取り調べがありました。自殺しなければならない理由が何だったのか、真相はいまでも謎に包まれています。

氏の人柄をうかがわせるエピソードは、いくつも伝えられています。40歳代の東京の支店時代に訪れた友人は、勤務時間が終わっても一人で掃除を続ける宮崎氏の姿を覚えているそうです。頭取就任の挨拶回りで出身旧制高校の朝食会に招かれたときは、主賓席を「いやいや、とんでもありません」と逃げ回り、下座にいる幹事の隣に座ってしまったそうです。記念撮影のときにも、中央に設けられた席を避けて、一番端に行ってしまいました。

同級生は、宮崎氏が頭取を目前にしていた頃にもらした「銀行なんて、そんなに綺麗なところじゃないよ。今度生まれ変わったら本当に映画評論家になりたい」という言葉が忘れられないと言います。頭取時代にも週1回は映画館に通い、週刊誌に映画評論の連載をしていました。マスコミの取材には、映画への憧れを語りました。試写会の招待券は山ほどくるのに、必ず入場券を購入したそうです（読売新聞社会部『会長はなぜ自殺したか――金融腐敗＝呪縛の検証』による）。

宮崎氏と映画の話をすることができなかったのを、私はいまでも残念に思っています。

日本債券信用銀行の最後の会長、窪田弘氏

もう一人は、日本債券信用銀行の最後の会長であった窪田弘氏です。

読書家として知られており、大蔵省の理財局長や国税庁長官を歴任した後、1993年に日債銀の不良債権問題の最終処理を任されました。しかし、このときにはすでに、同行の不良債権はどうしようもない状況に陥っていたのです。

日債銀の旧経営陣3名は98年12月に粉飾決算容疑で逮捕され、2004年5月に東京地裁から有罪判決を受けました（窪田氏は懲役1年4カ月、東郷重興《しげおき》元頭取、岩城忠男元副頭取は懲役1年、いずれも執行猶予3年）。

この裁判では、不良債権自己査定の違法性が争われました。判決は、「97年に旧大蔵省が出した資産査定に関する通達が金融機関が従うべき唯一の会計基準」とし、「経営裁量の範囲内」とする3被告の無罪主張を退けたのです。

この有罪判決は納得できない、と考えた人は多くいます。私もその一人です。会計基準をめぐる法律解釈以外に、彼らが破綻の原因を作ったわけではないことも大きな理由です。

氏は、その後、辛《つら》い法廷闘争を強いられました。自分が引き起こしたのではない事件の責任を負わされたのです。その後、東京高裁で無罪（＝確定。3人とも）を勝ち取りましたが、そのときにはすでに重い病に侵されており、数年後に死去しました。

私は窪田氏に直接に仕えたことはないのですが、研究会などでご一緒する機会がありました。氏の人柄を慕っていた人は大勢いました。このような人が犠牲になる日本社会は不条理だと、考えざるをえません。

長銀の場合もそうですが、破綻の真の原因を作った人が断罪されていません。実際に判決を受けた人は、スケープゴートだと言わざるをえないのです。

お2人についてはこれまでも書いたことがありますが、いつまでも忘れられてはならない人たちです。

第4章

2000年代の偽りの回復で改革が遠のく

1　日本経済が大きく落ち込み、大規模為替介入へ

2003年、大規模為替介入が開始された

1990年代の末には、金融機関の破綻が相次いだだけでなく、日本経済全体が大きく落ち込みました。

これに対処するため、さまざまな政策が試みられました。

金融政策では、99年にゼロ金利政策を、2001年に量的緩和政策を導入。もう一つは、直接的な為替介入です。

政府・日本銀行は、為替介入で円高を阻止しようと、03年1月から頻繁なドル買いを開始しました。

1月から3月の介入規模は、2兆3000億円に到達。介入は月を追うごとにエスカレートし、介入規模は前代未聞の大きさにまで膨張しました。「1ドル100円を超える円高を阻止する」というのが、介入の目的だったと考えられます。04年4月に終了するまでの介入累積額は、35・2兆円にのぼりました。

ただし、03年には、これによって顕著な円安が進んだわけではありません。大規模介入の効果は、円高の進行を食い止めたことです。

日本のこの動きに対して、アメリカ政府は目立った批判はしませんでした。これは、介入によるドル資金がアメリカ国債の購入にも充てられたと考えられたことによります。

イラク戦争に突入していたアメリカにとって、双子の赤字（経常収支の赤字と財政赤字）がファイナンスされて金利上昇が抑えられるのは、都合がよかったのです。市場関係者の間では、アメリカ通貨当局は日本の介入政策を容認しているとみられていました。

２００４年に株価回復

自動車、電機などの大手輸出企業では、円安が進んだために、利益が急増しました。日経平均株価は、２００４年３月初めには、１年９カ月ぶりに１万１５００円を上回りました。

ところで、日本経済が回復するにつれて、「円安維持は欧米企業の競争力を弱めている」という海外からの反発が生じてきました。

そして、04年3月2日に、ＦＲＢ（米連邦準備制度理事会）のアラン・グリーンスパン議長が、日本政府の異常な為替介入に対し、「日本は大規模な円高阻止介入を続ける必要がなくなりつつある。最近の経済動向がそれを示している」と批判したのです。

日本政府・日銀は、グリーンスパンの警告を受けて、兆円単位の介入を、3月5日を最後として停止。そして、3月16日を最後に、為替市場介入を完全に停止しました。

2005年頃から円キャリー取引が始まる

日本政府が介入を停止した後も、為替レートの円安は続きました。2006〜08年までの円ドルレートは、ほぼ一貫して1ドル＝115〜120円の範囲でした。

円安が進んだのは、05年からアメリカの金利が上昇し、日米金利差が拡大したからです。これが円キャリー取引を誘発し、円安を加速したのです。そして、07年夏には1ドル120円台にまでなりました。

「円キャリー取引」とは、ヘッジファンドなどが円を借りてドルを買い、ドル資産で運用する取引です。これは投機的な取引ですが、為替レートが円高にならなければ、日米間の金利差に相当するだけの利益が得られます。

03年からの大規模な介入は、日本政府が1ドル＝100円を超える円高は許容しないことを全世界に表明する結果になりました。そして、円キャリー取引は円安を促進するので、期待が自己実現する結果となり、「投機が投機を呼ぶ」というバブル的な状況がもたらされたのです。

こうした現象は、1980年代までの世界ではなかったことです。2000年代になってからの世界では、金融政策の影響は国内にはとどまらず、国際的な資本移動に大きな影響を与えるようになったのです。

これによって、05年初めから傾向的な円安が進み、07年1月には1ドル＝120円台にまでなりました。

2　時代の潮流に逆行する工場の国内回帰

輸出主導経済

日本経済は2002年1月を底に回復し、景気拡大に向かいました。これは08年2月まで73カ月間続く戦後最長の景気となったのです。

この景気拡大は、いくつかの点でこれまでの景気拡大とは異なる特徴を持っていました。

第1は、輸出の増加が経済成長を牽引したことです。

輸出は、1990年代の後半にはほとんど停滞しており、その後も01年頃までは減少気味でした。ところが、02年から増加し始め、07年には01年の1・71倍になったのです（図表4－1

図表4-1　輸出入と貿易収支

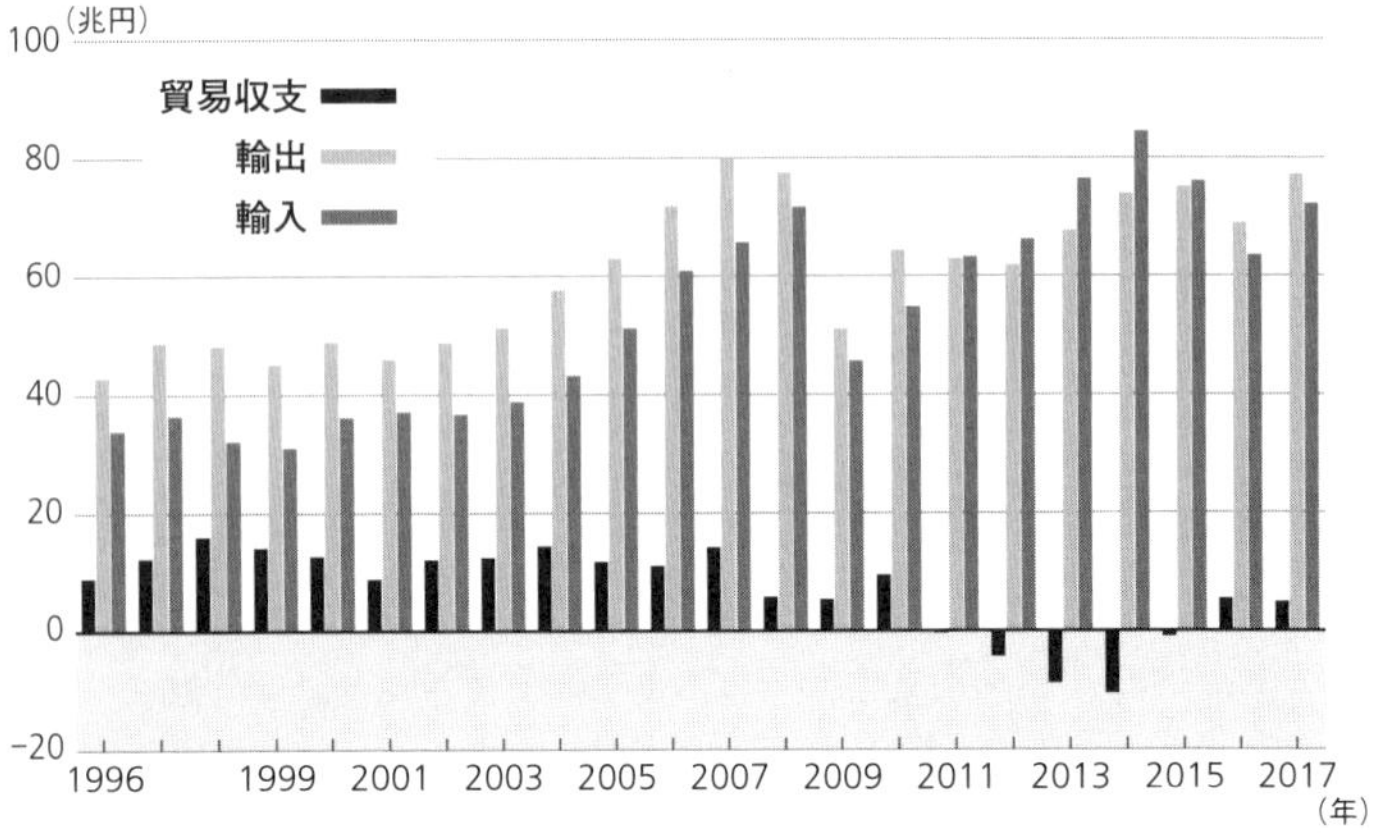

資料：財務省、貿易統計

参照)。

この期間には輸入も伸びましたが、貿易黒字は、01年の6・5兆円から07年の10・8兆円まで、1・64倍になりました。

02年以降、実質輸出の対前年増加率は、継続して7・5％以上の高い伸びを示しました。04年においては、13・9％という非常に高い伸び率になっています。その半面で実質家計消費支出の伸び率は、高くても1％台の後半でしかありませんでした。

高度成長期の日本では、設備投資が経済成長を主導するのが普通でした。しかし、このときは、明らかに異なる姿となりました。「外需依存の景気回復」と言われたのは、このためです。

企業の売上高は回復し、07年度には、それまでのピークであった90年度より10・6％高い水準になりました。営業利益も増加し、07年度には、90年度とほぼ同じ水準まで回復。株価も上昇し、06年末には日経平均株価は1万7226円になりました。

90年代末から00年代の初めにかけて日本を覆っていた暗雲が立ち去ったと、多くの日本人が感じていました。

工場が国内回帰した

この時期に、日本国内の製造業は一時的に収益力を取り戻しました。「日本国内ではもはや成立しえないのではないか」と思われていた重厚長大産業の経営状態も好転し、それまで青息吐息だった新日鐵《しんにってつ》が復活するといったことが起きたのです。それまでほぼ年間1億トンぐらいの横ばいで推移していた日本の鉄鋼生産量が、この時期にはかなり増加しています。

「心地よい円安」ということが言われ、製造業の国内回帰が生じました。電機産業でも製造拠点の国内回帰現象が起き、テレビ生産の巨大工場がつぎつぎに稼働したのです。

2004年1月にシャープ亀山第1工場が稼働し、06年8月に第2工場が稼働しました。パナソニックの茨木第2工場が04年4月から、尼崎第3工場が05年9月から、同第4工場が07年6月から、それぞれ稼働しました。

これは、第2章の4で述べた水平分業への流れに逆行するものだったのですが、日本では、技術流出を防ぎ、かつ効率のよい生産方式であると考えられていました。

他方で、アップルは、それまでは垂直統合により国内で生産する方式だったのを転換し、iPod の生産からは水平分業に移行。最終的な組み立ては、中国のフォックスコンが行ないました。これが「ファブレス」（工場なし）という製造業の新しい形です。

この違いが何をもたらしたかは、その後のシャープとアップルがたどった道を見れば、明らかです。シャープは、フォックスコンの親会社である鴻海《ホンハイ》に呑み込まれ、一方のアップルは、時価総額で世界一の企業に成長しました。

円安は麻薬

円安で日本の輸出産業の採算がよくなり、工場が日本に回帰するという現象を見たとき、私は「これは間違った経営判断であり、時代の要請に逆行している」と感じました。

その少し前までは、日本のメーカーの多くが円高で経営不振に苦しみ、海外に生産基地を移転していました。ところが、円安になったとたんに、その流れが逆になったのです。

そうした企業の判断が奇妙に感じられ、「経営トップを含めた日本の企業人は、世界経済の大きな潮流を理解していないのではないか」という懸念を持ったのです。

私は、そうした考えを『日本経済は本当に復活したのか』（ダイヤモンド社、２００６年）、『モノづくり幻想が日本経済をダメにする』（同、07年）で述べました。
05、06年頃の円安局面において経営者の頭の中にあったのは、「円安にさえなれば、日本が繁栄していた昔に戻るのだ」という願望でした。
円安は麻薬です。衰退の本当の理由を追求せず、円安を求めるというその場しのぎの考え方が一般的になってしまったことに、私は強い違和感を抱きました。

ただし、「日本企業は世界の環境変化に不適合を起こしている」という考えが確信に変わったのは、もっと後のことです。「間違いなくそうだ」と思えるようになったのは、08年秋のリーマン・ショックで輸出が落ち込んだ後のことでした。シャープもパナソニックもテレビ部門が大赤字に転落し、企業の存続すら危ぶまれる事態に陥りました。日本の電機メーカーの国内工場の増設は、大失敗だったのです。これについては、第6章で述べます。

日本の製造業から創造的側面が消えた

農業がなくなれば、人間は生きてゆくことができなくなります。これは、当然のことです。製造業が消滅してしまえば、われわれの文明的生活は成り立たなくなります。ですから、農業や製造業が必要なのは、自明のことです。

求められるのは、「世界の分業体制の中で、日本の位置がどこにあるか」についての冷静な判断なのです。「各国は、与えられた自然条件や生産要素の賦存《ふそん》状況を勘案した比較優位分野に特化するのがよい」とは、イギリスの経済学者、デイビッド・リカード（1772〜1823年）が見出した経済学の最も重要な命題です。ただし、比較優位は時代とともに変わります。中国が工業化し、通信技術が飛躍的に進歩した世界で、先進国における比較優位の条件は大きく変化しました。問題はそれに対応することであって、理由をつけて現状維持を正当化することではありません。それは、過去への執着と変化への抵抗以外の何物でもないのです。

農業の場合にも、本当に重要なのは、日本の国土条件や需要に見合った生産性の高い高収益の農業を建設することです。保護と補助に依存して、片手間兼業米作農業になってしまったことが問題なのです。

製造業についても、まったく同じことが言えます。問題は、日本の製造業に創造的な側面が失《う》せて、「コモディティ」（誰にでも作れるため、価格しか差別化要因がないような製品）しか作れなくなったことです。

小泉改革とは何だったのか？

2001年4月〜06年9月の小泉純一郎内閣は、日本に大きな変化をもたらしたと言われています。本当にそうでしょうか？

小泉内閣は「聖域なき構造改革」をスローガンとして掲げ、規制緩和と民営化を進めたとされます。05年、郵政民営化関連法案の是非をめぐって衆議院を解散し、「郵政選挙」で大勝利を収めたことは、多くの人々の記憶に残っているでしょう。郵政民営化に反対する人々を「抵抗勢力」と名付けるなどの巧みなやり方は、「劇場型政治」とも呼ばれました。

しかし、このとき、小泉内閣がなした改革とは何だったのでしょうか？

経済的に意味がある改革がなされたわけではありません。小泉改革の旗印は郵政改革ですが、郵政事業は、小泉内閣の登場前に、すでに国営から公社の事業に移っていました。小泉内閣が行なったのは、公社を会社形態にしただけです。

また、小泉改革によって財政投融資制度が改革されたと言われますが、財投制度は、小泉内閣が登場する前の01年に、すでに改革されていました。

郵便貯金や公的年金の保険料として集められた資金は、財政投融資制度の下で、大蔵省資金運用部へ預託され、公庫や公団などの特殊法人に融資されてきました。しかし１９９０年代、特殊法人の経営が不透明であるなどの批判が高まり、01年に法律が改正され、大蔵省資金運用部は廃止され、郵貯等の資金を預託する制度も廃止されました。

それ以来、郵便貯金で集めた資金は郵政公社が自分で運用する形になっていたのです。つまり、小泉内閣は、財政投融資改革に関しては、何もしていないのです。

小泉内閣が実際に行なったのは、資金運用の面ではすでに実質的に民営化されている郵政公社を、形の上でも民営化して、後の日本郵政株式会社への道を開いたということですが、本質的にはあまり重要なことではないと私は考えています。

小泉内閣による「郵政民営化」が政治的に大きなインパクトを持っていたことは確かです。とりわけ、強大な票田である特定郵便局を田中派が支配していた状況を切り崩したことです。しかし、それは、日本全体の改革ではないと思います。

このように、小泉改革とは政治的なものであり、経済的なものではなかったことに注意が必要です。小泉政権は、経済の面では、これまで見たように、低金利と円安政策で古い産業構造を温存したのです。

3 シリコンバレーで感じた日本の立ち遅れ

スタンフォードで1年間を過ごす

私は、2004年4月から05年3月にかけての1年間、アメリカ、スタンフォード大学に客員教授として赴任しました。同大学アジア太平洋研究センターのダニエル・オキモト教授が呼んでくれたのです（同教授とは、１９８０年代から90年代にかけて、さまざまな研究プロジェクトで一緒に研究を行なっていました）。

スタンフォード大学は、サンフランシスコの南約１００キロくらいの、サンフランシスコ湾に面したパロアルトという町にあります。ここは、ＩＴ革命の中心地で、「シリコンバレー」と呼ばれる一帯です。というよりは、「スタンフォード大学の卒業生や関係者がＩＴ産業を立ち上げたため、ここがシリコンバレーになった」というべきでしょう。

写真 4-1　スタンフォード大学

写真4-1はスタンフォード大学の中心にあるフーバータワーから、大学の中心部を見たものです。左に、メモリアルチャーチが見えます。遠景が、私が住んでいた「オークリーク・アパートメンツ」の団地の方面です。

私の研究室は、エンシナホールという建物にあったのですが、これは、昔は学生寮として使われていた建物で、20年頃、ジョン・スタインベック（１９０２〜68年：ノーベル文学賞受賞者）が学生時代に住んでいたところです。写真4-2の手前に見える道を毎日歩いていました。

当時はIT革命が最盛期を迎えた頃で、ちょうどグーグルがIPO（株式公開）を行ないました。そのとき、シリコンバレーはお祭り騒ぎでした。

アップルも水平分業に移行。アップルストアでiPodを販売していたのですが、大変な人気でした。

19世紀のカリフォルニアのゴールドラッシュと同じようなことが起きていたのです。私はこの2つの関係に関心を持ち、それを『アメリカ型成功者の物語――ゴールドラッシュとシリコンバレー』（新潮文庫、2009年）にまとめました。

写真 4-2　左手前にある建物がエンシナホール

カリフォルニアから工場が消えていた

私は、このときには日本を外から見ていたのですが、日本の製造業の復活に、奇妙な違和感を抱いていました。カリフォルニアの町を走る車も駐車場の車も、ほとんどがトヨタ車になってしまったのを見て、実に不思議なことだと感じていたのです。

カリフォルニアに滞在した1年間に、「工場」を見たのはわずか1回だけでした。それも、人里離れた場所に、見捨てられたようにポツンとあっただけです。

日本では、少し動き回っただけで「工場」の姿が見えます。それとはまったく異質の風景が、カリフォルニアに広がりつつあったのです。

昔からそうだったわけではありません。カリフォルニアはアメリカ製造業の中心地の一つで、特に軍需産業ではアメリカ一の地域でした。

「昔はフォードの自動車工場だった」という場所がいくつかあります。しかし、そこが、ショッピングセンターなどになってしまったのです。第2章の4で見た世界的な分業が、このような風景を作り出したのです。東京から大阪までの新幹線に乗ると、沿線はずっと工場の連続です。「何たる違い！」と、日本に帰ってから痛感しました。

世界的分業と言えば、シリコンバレーでは、インドとの分業も実感しました。パロアルトの近くにあるサンノゼという町には、ルーターの生産で世界トップのシスコシステムズという会社があるのですが、その近くの道を歩いているのはインド人ばかりでした。

また、企業に電話をかければ、応対するオペレーターは、まず間違いなくインド人、しかも、アメリカにいる人ではなく、インドにいるインド人です。アメリカ人は、それと意識することなく、毎日何度もインドに電話をかけるようになっていたのです。

山手線内側の半分を超える広さのキャンパス

スタンフォード大学の敷地全体の広さは、8800エーカー、つまり35・6平方キロメートルです。これは、山手線内側の面積（約67平方キロメートル）の半分を超えます。

もともとは、鉄道王リーランド・スタンフォード（1824～93年）が作った牧場でした。それが大学の敷地になったわけですが、大学とはいえ、こんなに広い土地一杯に建物は作れません。そのため、大学の敷地の大半は、いまだに原野か牧場なのです。

サンフランシスコから南に向かうインターステイト・ハイウエイ280号線を30分ほどドライブしてくると、「スタンフォード大学」という標識が見えます。しかし、どこに大学があるのかと見渡しても、なだらかな斜面の上で、牛や馬がのんびりと草を食《は》んでいる景色しか見えません。**写真4-3**は、このあたりの風景です。

大学設立の際、「土地を売却してはならない」という条件がつけられたため、こうなったのです。280号線が「世界で最も美しい高速道路」と呼ばれるのは、もっともなことです。

280号線とキャンパスの間の丘陵地は、「スタンフォード・アカデミック・リザーブ」と呼ばれる自然保護地区です。「ビッグ・ディッシュ」という巨大な電波望遠鏡があります。**写真4-3**の左の丘の上に見えるパラボラアンテナが、それです。

このあたりには、ジョギングとハイキングのための道が作られていて、1周すると、1時間

写真 4-3　280号線のスタンフォード付近

半ほどかかります。

なだらかな坂を登っていくと、次第に見晴らしが開けて、大学のキャンパスやパロアルトの町を見渡せます。遠くには、サンフランシスコの摩天楼が小さく見え、木陰から、鹿の家族がこちらを見ています。

さわやかな風が吹いてきて、本当に気持ちがよく、久しぶりに山登りの爽快さを味わいました。その気になれば毎日でも味わえるのですから、なんとも豪華なものです。

スタンフォード大学は、シリコンバレーの知的センターですから、どんなに現代的なハイテク高層ビルが林立しているのかと想像されるでしょう。しかし、その実態は原野と牧場なのです（ただし、敷地の一部は貸し付けられており、ヒューレット・パッカードなどの企業があるスタンフォード・インダストリアル・パークとなっています。スタンフォード・ショッピングセンターの地主も大学です。私が住んでいたアパートの敷地もそうでした）。

写真 4-4　急速に成長しつつあったグーグル

アパート団地の前を通っている道は、「サンドヒルロード（Sand Hill Road）」といいます。ここを少し北に行くと、ベンチャーキャピタルが集まっている団地があり、そこには、セコイアキャピタルやＫＰＣＢ（クライナー・パーキンス・コーフィールド・アンド・バイヤーズ。現在はクライナー・パーキンス）など、ＩＴ革命で重要な役割を果たしたベンチャーキャピタルが本拠を構えています。

この頃、グーグルもアップルもオフィスを拡張していました。しかし、まだ現在のグーグルプレックスやアップル・スペースシップのような巨大な敷地は建設されていませんでした。**写真4-4**は、この当時のグーグルの本社ビルです。

アップルはＰＣのメーカーで、熱心なファンには支持されていましたが、大メーカーというわけではありませんでした。この頃iPodという新製品を作り出し、一般の利用者も使う製品に向けて一歩を踏み出そうとしていたのです。

天国で暮らしている気分

私が住んでいたのは「オーククリーク・アパートメンツ（Oak Creek Apartments）」というところです（**写真4-5**）。

「オーク（楢《なら》の木）」も「クリーク（渓谷）」もアメリカ人が大好きな言葉です。この団地には本当に多くのオークがあり、クリークもありました。

写真 4-5　オーククリーク・アパートメンツ

広い敷地は、小鳥のさえずりが聞こえて、植物のかぐわしい香りに包まれています。この辺りには、ユーカリプタス（ユーカリ）の大木が多いのですが、木の幹がとても良い香りを出します。

木陰にはリスの姿が見えます。それどころか、近くの山に住むマウンテンライオンという正真正銘の野生のライオンが、渓流をたどって道路を横切ることなくアパートの端にあるクリークに現れ、大騒ぎになったこともあります。

敷地内には、プールがいくつかあります。**写真4-6**の右手に見えるのがその一つです。

写真 4-6　インデペンデンスデイのオーククリーク・アパートメンツ

インデペンデンスデイ（独立記念日）には、アパートを挙げてのお祭り騒ぎ。**写真4-6**は、そのときの様子です。

滞在中に数回日本に帰りました。この年の夏、日本は記録的な酷暑。アメリカに戻る飛行機に乗り込むと、「サンフランシスコの気温は摂氏20度です」というアナウンスが流れます。まさに、「天国に戻る」気分でした。

このアパートの賃貸料をいま調べてみると、月額5500ドル（60万円）程度です。私がいた頃よりはずいぶん高くなってしまっていて、いまとなっては、もう借りられません。

インターネット社会が到来していた

日本からパロアルトに到着してモーテルにチェックインしたときに、インターネットのケーブルを渡されました。部屋には高速回線が来ています。こうして、到着直後から、インターネットを快適に使うことができました。「最初の数日間はアクセスできないのではないか」という心配は、杞憂《きゆう》に終わりました。

パロアルトがシリコンバレーの中心であり、ＩＴ関連の仕事をしている旅行者が多いから当然とも言えます。しかし、これはパロアルトの特殊事情ではなく、その当時すでに、アメリカ全土が似たような事情になっていました。

その当時の日本のホテルでは、部屋の電話が旧式の内線電話で、インターネットに接続さえできないのが普通でした。それに比べると、格段の差です。アメリカ社会は、すでにインターネットからいっときも離れられない社会になっていたのです。

インターネットが必要な最大の理由はメール連絡ですが、それだけではありません。

日本からのビザの申請も、大学との事務手続きの連絡も、すべてインターネットで行ないました。

アパートの選定と申し込みも、日本からインターネットで行ないました。多数の写真があるので、日本にいたままでも、状況が把握できたのです。アパートの周囲がどんな状況なのかは、インターネットの地図で商店の分布を調べることで見当がつきました（この当時は、グーグル・ストリート・ビューがなかったので、こうした手段に頼らざるをえなかったのです）。

アメリカに到着してからの生活条件の整備も、インターネット頼りです。

レンタルした家具はインターネットで選定し、医療保険の加入申し込みもインターネットで行ない、購入する自動車もインターネットで調べて決めました（ただし、ディーラーは、大学の同僚に紹介してもらいました）。

電話の設置にあたっても、インターネットが役に立ちました。申し込みはモーテルから電話で行なったのですが、アパートの部屋に来てみると、発信はできるが受信ができません。受話器を取ると、混線した会話が聞こえてきます。

そこで電話会社に電話したところ、「係員を呼ぶ前に、ホームページにあるリストでチェックせよ」という答えでした（これは、録音メッセージです）。「仮に原因が電話局側にあれば無料だが、加入者側にあれば45ドルの費用がかかる」とのこと。

そこで、電話会社ＳＢＣのホームページを開いて、チェックリストを点検したところ、その中に、「複数のコンセントがある場合、差込口を変えてみよ」というアドバイスがありました。そうしたところ、たちどころに解決しました。サービス係を呼んだら、45ドルかかるだけでなく、約束の時間に部屋で待たねばならないなど、面倒なことだったでしょう。つまり、電話より先にインターネットが必要なのです。

運転免許の試験準備もインターネットで済ませました。

こうして、アメリカ生活の立ち上げに必要な手続きは、ほとんどインターネットを介して行なったのです。直接出向いて、あるいは電話で行なわねばならなかった時代と比べれば、格段と便利になりました。

また、渡航前の大学との事務連絡では、「事務手続きの書類をファクスで送るのではなく、メールに添付したPDFで送れ」と大学から指示されました。日本ではいまでもファクスを使っている人がいますが、スタンフォード大学は、このときすでにその時代を終えていたわけです。

私は暫く前から日本国内でもファクスの利用をやめてPDFを用いる方式に切り替えていたので、難なく対処することができました。なお、この方式を使っていたため、『週刊ダイヤモンド』誌の連載「超整理日記」のゲラの校正作業も、日本国内にいるのと同じ方式で進めることができました。

中国からの留学生が急増する

スタンフォード大学で開講した日本経済についての私のクラスには、1人の中国人の女子学生がいました。彼女は、「バーリンホウ」と呼ばれる世代です。これは「80後」という意味で、1980年代以降に生まれた中国の若い世代を指します。彼らは、中国の歴史上初めて、多くの人が高等教育を受けられる世代になったのです。この学生も、きわめて優秀でした。

改めてキャンパスを見渡してみると、中国人の学生がずいぶん多いことに気がつきました。その半面で、日本人がいません。80年代にアメリカの大学で日本人留学生が一大勢力を築いていた頃に比べると、隔世の感がありました。

そこで大学の留学生課が出している統計を調べたのですが、その結果も驚くべきものでした。80年代には、日本、中国、韓国から留学している大学院生は、それぞれ、ほぼ100～150人程度で同じでした。しかし、その後、日本からの留学生が減る半面で、中国からの留学生が著しい勢いで増加し、2003年には400人を超すまでになったのです。

一方の日本人留学生は100人を割り込みました。中国は人口が多いので当然と言えば当然ですが、私がショックを受けたのは、総人口では日本の4割未満である韓国からの留学生が300人を超すまでに増加したことです。

その後数年して、同じ統計を調べてみました。中国、韓国からの留学生はさらに増えています。では日本は？　なんと日本は「その他」に分類されてしまったために、正確な数字が分からなかったのです。「日本はもはや『その他』！」。これは、03年のデータよりもさらにショッキングなものでした。

つまり、「日本を置いてきぼりにした世界の大発展が、すでに始まってしまっていた」ということです。日本が大発展を遂げた時代とはまったく別のものになってしまったのです。日本国内にいると、こうしたことを実感できる機会がありません。

05年に帰国して、早稲田大学ファイナンス研究科で、社会人学生たちにファイナンス理論を教えることになりました。教室と研究室は、日本橋にあるコレド日本橋の5階。都心商業施設のビルなので、研究室は狭く、私の研究室には窓もありません。

それでも、地下鉄の駅から研究室に直行できるというのは、便利この上ない環境です。一橋大学がある国立《くにたち》は美しい町ですが、都心から離れた郊外です。東大先端研があった駒場も、都心とは言えません。それに対して、日本橋は都心そのものです。私は下町生まれなので、このような環境で仕事ができることをうれしく思い、日本橋の町をずいぶん散歩しました。

第5章

アメリカ住宅バブルとリーマン・ショック

1　目の当たりにした住宅バブル

住宅価格バブルでお祭り騒ぎ

第4章で述べたように、私は2004年から05年にかけて、カリフォルニア州パロアルトに滞在していました。ちょうどその頃アメリカで住宅価格バブルが生じており、その状況を日々、目の当たりにしました。

パロアルトのあるシリコンバレーは、IT革命の中心であるとともに、住宅バブルの中心地の一つでもあったのです。

新聞には、大量の住宅広告が毎日出ていました（**写真5-1**）。カラー写真入りの大きな広告です。日曜版は、住宅の広告だけで分厚くなっていました。毎日、大量のパンフレットが新聞と一緒に配達されてきました。家の写真と価格、担当者の名前などが記載された、豪華な住宅の広告です。

写真を見ると、広大な敷地に城のような邸宅が建っています。「高価な住宅」とはいっても、内容が日本とはまったく違います。アメリカの本当の豊かさがどういうものかを見せつけられる思いでした。

近所ではあちこちで家が新築されているし、それまで家などまったくなかったところに真新しい住宅が建ち並んでいました。

アメリカ全土に広がった住宅バブル

写真 5-1　住宅バブル時代の住宅パンフレット

サンフランシスコ圏の住宅価格はズバ抜けて高く、全米平均の3・5倍を超えており、価格上昇率も、2004年で前年比15・5%という高さでした。

パロアルトでの平均価格は138万ドルで、サンフランシスコ圏のさらに倍です。全米平均に比べれば、約7・5倍を超えていました。

アメリカの他の地域を見ると、ロスアンジェルスの東にあるオレンジ郡の住宅価格は、04年に前年から38・7%増加して65・5万ドルとなりました。上昇率での全米一はラスベガスで、前年比が実に52・4%という上昇率を記録していたのです。

カリフォルニアだけでなく、ボストンからワシントンD．C．に至る東海岸、そしてフロリダにおいても、同様の現象が見られました。

以上で述べたのは全住宅の平均値ですが、「高級住宅」（luxury homes）という区分の統計もあります。これは、3000平方フィート（約279平方メートル）以上、寝室3以上、トイレ3以上という条件を満たす住宅です。この平均価格は、サンフランシスコ圏で254万ドルになっていました。

1000万ドルを超える価格の住宅は、“WOW property”（「エッ！」と驚くような物件）と呼ばれていました。

バブルかどうか、議論が分かれていた

当然のことながら、住宅価格をめぐっては、さまざまな議論が行なわれました。

シリコンバレーは、住宅価格高騰が最も顕著に生じている地域なので、地元の新聞には、バブルかどうかを論じる記事が頻繁に出ていました。

経済学者には、これを「バブルだ」と言う人が多くいました。その論拠として、住宅価格の上昇率は賃貸料の上昇率をはるかに上回っており、一部の地域では賃貸料が下落しているにもかかわらず住宅価格が上がっていることが挙げられました。

これに対して不動産業者は、「バブルではない」と主張しました。供給が限定的だから、価格は今後も上昇するという意見です（職業的にそう言わざるをえないという事情が、もちろんあったのですが）。

この当時のアメリカの住宅価格上昇は、値上がり率の激しさや水準の異常な高さを見れば、バブルによるものであることは明らかでした。

ただ、そのバブルがバブルに感じられないほど、シリコンバレーのＩＴ産業の成長がめざましかったことも事実です。

値上がりをあてにしないと正当化できない価格

その当時、つぎのような記事が新聞に出ていました。８年前に80万ドルで買った家が、２３６万ドルで売れた。５００万ドル程度の家に買い替えたいと思ったが、希望の条件を満たす家は、この価格帯では手に入らなかった。だから、「１０００万ドルの家は買い得と思った」というのです。これは、学齢期の子３人を持つ、普通の職業に就く夫婦の話です。７７４万ドルに及ぶ額を借り入れたのだとすると、年間の利払いは41万ドルを超えてしまいます。

「住宅ローン金利が低い、いまのうちに」という買い急ぎ需要があったことは事実です。それに加え、将来の所得増加という期待が織り込まれていたのも、間違いありません。

住宅は非常に高い価格になってはいたものの、その価格が上がり続ける限り、買った家を売れば差益が出ます。「どうせ値上がりするのだから、いくら高い住宅を買っても大丈夫」と考えられていました。

このように、「将来の値上がり期待」という要素が強くありました。所得との対比で見ればとても正当化しえない価格の住宅の場合、多くの購入者は、将来の値上がりだけを期待していたのかもしれません。住宅価格が下がり始めると彼らが非常に深刻な問題に直面することは、この当時から予想できました。

「転売が巨額の利益を生む」というのは、バブルの顕著な特徴です。資産が価値を持つのは、本来は利用収益があるからなのですが、それとはかけ離れたところで、資産価格だけが自己増殖してゆくのです。

こうした状況は、アメリカの一部の地域で実際に生じました。すでに述べたようにラスベガスの住宅価格上昇率は異常に高かったのですが、これは投機によって生じたものと思われます。投機の対象は、１９８０年代バブル期の日本のように空地ではなく、住宅ですが、現地を見ずに購入している人が多いと言われました。そうした購入者はラスベガスに住む予定はなく、転売が目的の購入だというのです（賃貸することも考えられますが、住宅価格は賃貸料では正当化できないほど高くなっていました）。フロリダでも、類似の現象が発生しました。

サブプライムローンとその証券化

「サブプライムローン」というのは、従来の住宅ローン（「モーゲッジローン」）借入者に比べて所得が低く、したがって信用力が低い個人を対象とする住宅ローンです。昔からありましたが、２００４年頃から急激に拡大しました。

当初は金利が低く設定されており、ある時期以降に高くなります。ただし、多くの利用者は、期限が来る前に住宅を売却して、ローンを返済しました。そして、新しいローンを設定して、新しい住宅を購入しました。このため、住宅価格が上昇し続ける限り、借入者の返済能力が低くとも、延滞や破綻が表面化する危険は低くなっていました。

このローンに対して、「証券化」という手法が用いられました。これは、アメリカで住宅ローンに対して１９７０年代から行なわれていたものです。多数の住宅ローンをまとめて、それを担保とする証券を発行して販売するのです。

これによって住宅ローンの提供金融機関は資金調達ができるので、資金とリスクの負担を負う必要がなくなり、さらに新しいローンを供給することができます。アメリカの住宅ローンは、従来はＳ＆Ｌ（貯蓄貸付組合）などの中小金融機関によってなされていましたが、証券化が進展したため、それのみによって資金を調達して住宅ローンを行なう「モーゲッジバンク」という金融機関も現れました。

モーゲッジ証券、MBS

証券化された金融商品は、「モーゲッジ証券」とか、MBS（Mortgage-Backed Security：住宅ローン担保証券）と呼ばれました。投資家の立場からすると、証券化によって個々の住宅ローンのリスクが集められてリスクが低くなる、つまり、住宅ローンに対して分散投資することが可能となります。このため、年金基金などの機関投資家にとっては、重要な運用対象となっていました。

最初の住宅ローン証券化は、政府抵当金庫（GNMA、ジニーメイ）によって1970年に行なわれました。その後、連邦抵当金庫（FNMA、ファニーメイ）や連邦住宅金融抵当公社（FHLMC、フレディマック）が参画し、80年代から90年代にかけて市場が急拡大。モーゲッジ債権の半分以上が証券化され、残高は約3兆ドルに到達し、アメリカ債券市場で約4分の1を占め、財務省証券に次ぐ巨大規模の市場となったのです。多数のMBSをまとめ、それをCDO（債務担保証券）と呼ばれる商品に再証券化することも行なわれました。

機関投資家や一般投資家が購入しただけでなく、投資ファンドが購入してファンドに組み込んでいた場合もあり、これらは格付け機関により格付けされていました。

2　住宅価格高騰でトヨタ車が売れた

トヨタ車がカリフォルニアを埋め尽くした

このときアメリカで最もよく売れていた車がトヨタで、トヨタの自動車がカリフォルニアの道路を埋め尽くしている観がありました。私もトヨタ車を買いました。トヨタであれば、買い替えるときに高く売れるからです。

次項で述べる「キャッシュアウト・リファイナンス」によって、アメリカで住宅価格が上がると、自動車が売れます。その意味で日本の貿易黒字とアメリカの住宅バブルは結びついていたのです。

それだけでなく、日本の経常収支が黒字になると、そのお金は資本輸出という形でアメリカに還流します。還流した資金がどのような用途に使われていたかは追跡できませんが、そのかなりが住宅の購入に使われたと考えることができます。このようにして、海外から還流した資金がアメリカの経常収支の赤字を補っていたことは間違いありません。

こうして、マネーの流れが世界全体をひと回りします。日本だけではなく、中国や中東産油国などの経常黒字国からのアメリカへの資本流入もあり、それによってアメリカの経常収支赤字が穴埋めされていたのです。

アメリカには、世界中から資金が流入してきます。アメリカの住宅バブルは一国だけの現象として起きたのではなく、その背後には、右のような世界的な資金循環のメカニズムがあったのです。

もう一つ注意したいのは、このときアメリカの道路がトヨタ車だらけになったにもかかわらず、貿易摩擦が起きなかったことです。これは、プラザ合意の頃との大きな違いでした。

1985年のプラザ合意は、日本の自動車がアメリカに溢れたことが大きな原因でした。貿易摩擦が生じ、その結果、国際協調による為替介入が行なわれることになったのです。ところが20年後の2004、05年になると、トヨタ車が増えたことは、まったく問題にされなくなっていました。

それは、アメリカの産業構造が20年前と大きく変わっていたからです。

もちろんアメリカにも自動車産業は残ってはいました。しかし、かつてと違い、それはもはやアメリカ経済のシンボルではなくなっていたのです。

アップルのような水平分業型の製造業、グーグルのようなIT関連の新しいサービス業、あるいは金融などの分野の企業が、アメリカ産業の中心になっており、自動車産業の衰退は、アメリカの政治を動かすほどの重大問題ではなくなっていたのです。

キャッシュアウト・リファイナンスの魔術

第6章で述べるように、リーマン・ショックによって、日本の輸出産業が壊滅的な打撃を受けました。なぜそうなったのでしょうか？　以下で、それについて説明します。

第4章で述べたように、2005年頃から円キャリー取引が顕著になりました。アメリカに流入した資金の多くが、住宅ローンに充てられたと考えられます。そして、「住宅ローンの借り換えによって生まれた資金で車を買う」ということが行なわれたのです。このメカニズムをごく単純化して言えば、つぎのようなものです。

いま10万ドルの家を全額住宅ローンで購入したとしましょう。その住宅が2倍に値上がりし、他方で金利が2分の1のレベルに低下し、新しい住宅価格の限度額一杯まで借り入れをして元のローンを返済すれば、10万ドルの現金が手元に残ります。そして、金利の支払いは前と変わりません。

つまり、住宅価格が値上がりを続け、金融緩和が続くと、「何のコストもなしに、現金が手元に発生する」という魔法のようなことが可能になるのです。現実にはこの数値例のように簡単ではありませんが、それに似たことが発生しました。

これが、「キャッシュアウト・リファイナンス」と呼ばれたものです。そして、これによって得られた現金の多くが、新車の購入に充てられました。こうして、住宅の価格上昇が自動車購入を増やしたのです。

自動車需要が全体として伸びる中で、とりわけトヨタ車が人気を集めました。

トヨタが伸びた理由は、トヨタ車は故障が少なく、ディーラーのサービスが充実していることなどによります。ただし、それだけでなく、円安によって日本車が割安になったことの影響も無視できません。

そして、仮にアメリカの住宅バブルがなかったとしたら、トヨタ車は、あれほどの躍進はできなかったでしょう。トヨタの利益が驚くほどに増加したのは、アメリカの住宅価格バブル抜きには考えられないことでした。

こうして、自動車を中心として日本の輸出が増大し、日本は外需主導型と呼ばれる景気拡大を経験したのです。

右に述べたことを繰り返せば、日本の輸出主導型景気回復は、円キャリー取引によって支えられたものであり、その背後にはアメリカの住宅価格バブルがありました。したがって、日本の景気回復は、アメリカの住宅価格バブルによって支えられたものであったことになります。

そして、アメリカの住宅価格バブルも、アメリカの事情だけで起こったものではなく、外国からの資金流入が支えていました。その中で日本からの流入は重要な位置を占めていたのです。つまり、アメリカの住宅価格バブルと日本の輸出主導型景気回復は、互いに他を強めながら進行したのです。

3　リーマン・ショック

リーマン・ショックが勃発

２００８年9月にリーマン・ショックが勃発しました。

リーマン・ショックから10年が経った２０１８年の秋には、新聞や雑誌などが、これに関する特集を組みました。

しかし、このショックがなぜ起き、それがその後の経済にどのような影響を与えたのかについて、一般に言われていることは表面上のことが多く、不十分だと感じます。

日本では、リーマン・ショックは、アメリカ金融業の暴走によってもたらされたものであり、それによってアメリカ経済が大きな痛手を負ったと解説されるのが普通です。

アメリカの金融業界が暴走したのは、間違いなく事実です。しかし、アメリカ金融業は、この痛手からきわめて急速に回復しました。この過程で長期にわたる痛手を負ったのは、むしろ、日本の製造業だったのです。

アメリカ金融危機の始まり

金融危機がどのように進展したか、何が生じたのかを、整理しておきましょう。ここで述べるような時期区分をしてみると、状況がつぎつぎに異なるフェイズに移っていったことが分かります。

2007年の夏に、危機が顕在化しました。その第1期は、08年3月まであり、金融危機が顕在化し、拡大した期間です。

問題は、まずヨーロッパで顕在化しました。

発端は、07年8月9日、フランス、パリバ銀行の傘下にあるファンドで、証券化商品の評価が下がり、3つのファンドが凍結されたことでした。

この時点では、金融関係者以外でこのニュースを重大なものとして注目した人は、少なかったと思います。しかしこれは、それまで地下で進行していた問題が誰の目にも見える形で地上に姿を現した瞬間だったのです。

経済指標は、それより少し前から大きく変調していました。07年7月末には円が急騰し、株価も急落し始めました。アメリカの株価が下落しただけでなく、日本の株価も大きく値を下げていたのです。

また、金融専門家の間では、証券化商品の価格下落に対する懸念が広がっていました。07年の3月頃の金利上昇で、変動金利になっている多くの融資の債務不履行率が上昇し、MBSの価格が急激に下がったのです。サブプライム向け融資を手がける独立系のノンバンクが、金利上昇と債務不履行率の上昇で窮地に立たされました。

アメリカ第5位の証券会社であるベアー・スターンズ傘下のヘッジファンドも大きな打撃を受けたという噂《うわさ》が広がっていました。5月頃にベアー・スターンズ本社がサブプライムMBSを買い支えて、損失を回避していると言われていたのです。

その後の展開は、誠に急でした。株価とドル価値の低下はとめどもなく続き、投機は商品市場に移りました。金が1オンス1000ドルを超え、原油価格も08年初めに1バレル100ドルを超えるなど、世界経済は坂道を転がり落ちるように悪化していきました。

ベアー・スターンズを救済

混乱は、2008年の3月まで拡大し続けました。

まず、ベアー・スターンズの経営が行きづまりました。同社はウォール街の歴史とともに数々の伝説を作ってきた老舗《しにせ》証券会社で、MBS取引で全米第2位の実績を持ち、CDOにおいても全米トップクラスの実績を誇っていました。

ニューヨーク連銀が、資金繰りに窮したベアー・スターンズに対して緊急融資枠を設定し、救済に乗り出しました。3月14日、米銀大手JPモルガン・チェースは、同社を総額約2億3600万ドルで買収することを発表（5月30日に買収）。ただし、この時点では、問題はサブプライムローンに限定されたものという理解が一般的でした。

しかし、この時点ですでにアメリカ経済の景気後退は生じていました。08年1〜3月期の実質GDPの成長率は年率換算で前期比プラス0・6％となっていましたが、2四半期連続で1％を下回ったのは、1991年以来17年ぶりのことでした。

アメリカ企業の業績も悪化し、主要500社の1〜3月期純利益は、前年同期比で15％の減少。雇用も4カ月連続で減りました。

この時期の日本は、アメリカの状態について、「対岸の火事」的な見方が大勢でした。「日本はデカップリングしている（アメリカの景気後退には影響されない）。08年は緩やかながら、成長が続くだろう」という見方が多かったのです。

株価が一時的に持ち直す

アメリカ金融危機の第2期は、２００8年3月から8月頃までの期間です。「中間期」と呼ぶこともできます。

３月に株価がボトム（底）を記録しましたが、ＦＲＢが利下げを行ないました。その後、日米とも株価は持ち直しました。円ドルレートも、３月に円高のピークを記録しましたが、その後、円安に戻りました。

他方で、資源価格の急騰が進みました。原油価格は7月にピークを記録。金価格も、7、8月頃にピークを記録しました。

9月になって、米住宅金融公社のファニーメイとフレディマックの経営危機が顕在化。両社が関連する住宅ローン証券が5兆ドルという巨額のものであるのを知り、多くの人が、問題は一部の金融機関に限定されたものではないと、認識を改めさせられました。

9月7日、アメリカ連邦政府は、ファニーメイとフレディマックを政府の管理下に置くと発表。アメリカの住宅ローン残高12兆ドルの半分近くを保有、または保証している両社の損失が膨らみ、両社の存続が脅かされることが懸念されたためです。

リーマン・ブラザーズは破綻、AIGは救済

アメリカ金融危機の第3期は、2008年9月からです。9月15日、158年の歴史を持つアメリカで第4位の証券会社リーマン・ブラザーズが経営破綻し、米連邦破産法11条（日本の民事再生法に相当）の適用を申請しました。

同日、アメリカで第3位の証券会社メリルリンチが、バンク・オブ・アメリカに総額500億ドルで買収されると発表。さらに、アメリカ最大の保険会社であるAIG（アメリカン・インターナショナル・グループ）の経営危機説が急浮上しました。

市場ではAIGが破綻するとの懸念が広がり、同株価は60％以上も急落、9月16日には、一時1・25ドルにまで下落しました。

AIGが破綻すれば、約4000億ドルのCDSが履行されず、市場に甚大な影響を及ぼす危険がありました（CDSとは、債務不履行を補填《ほてん》する金融商品）。

そこで、FRBは方針を転換し、850億ドルもの資金供給を行なうことを16日に決めたのです。これと引き換えにアメリカ政府がAIGの株式の79・9％を取得する権利を確保し、政府管理下で経営再建が行なわれることとなりました。

投資銀行モデルの終焉

　また、ゴールドマン・サックスとモルガン・スタンレーは銀行持ち株会社となり、これによって、アメリカの主要な投資銀行はすべて消滅しました。

　投資銀行が資金調達を預金に頼ってよいということになったのですが、これは、証券業務と商業銀行業務の分離を基本原則とするアメリカ金融・証券制度の歴史的な方針転換です。

　アメリカの金融機関は、このわずか数日の間に大きく変貌してしまいました。それは「投資銀行モデルの終焉」と表現されました。

　そこで批判されたのは、少額の自己資本で巨額の借り入れを行ない、サブプライム関連証券化商品などのリスクの高い対象に投資することです。これは、「ハイ・レバレッジのビジネスモデル」とも呼ばれます。それは、大きなリスクを伴うものです。

　ただし、こうしたビジネスモデルは、投資銀行が古くから行なっていたことではありません。伝統的な投資銀行のビジネスとは、引き受け業務やM&A仲介です。それがバブルの中で収益率の高いハイ・レバレッジ取引にのめり込んでいったのです。

緊急経済安定化法が成立

　アメリカ政府と議会で、金融危機に対処するための金融安定化策の議論が、9月下旬から10月にかけて行なわれました。2008年9月28日に合意が成立。法案の採決が翌29日に下院で行なわれました。しかし、共和党の約7割と民主党の約4割が反対にまわり、否決されてしまいました。

これは、世界中の投資家を含む多くの人々にとって予想外のことでした。29日のニューヨーク証券取引所では、ダウ平均株価が終値で777・68ドル安となりました。これは、9月15日の下げ幅504・48ドルより大きなものでした。株価に与えた影響は、リーマン・ブラザーズの破綻よりも、こちらのほうが大きかったのです。

下院の否決を受けて、アメリカ政府と上院が法案の修正を行ない、緊急経済安定化法案を提出。上院はこれを可決、下院も可決、ただちにジョージ・W・ブッシュ大統領が署名しました。

これは、最大約7000億ドルの公的資金を投入して、金融機関の不良資産を買い取ることを定めた法律です。

この数週間で、アメリカの金融業界は様変わりしてしまいました。この期間に起きたことは、人々の認識を大きく変えると同時に、その後に取られた金融緩和政策は、世界経済に大きな影響を与えたのです。

アメリカ金融業は急速に回復

しかし、アメリカの経済は、これによって致命的な打撃を受けることはありませんでした。

とくに、震源であった金融業は、急速に回復したのです。これは金融機関の収益を見ると分かります。

産業別の国民所得を見ると、金融は、２００７年第１四半期は２・１兆ドル。それが08年に落ち込み、第４四半期には１・８兆ドルになりました。しかしその後回復し、09年第２四半期には早くも２・１兆ドルとなって危機前の水準に回復しています。

ＪＰモルガン・チェースの09年７～９月期決算の純利益は、同年前期の７倍近くになり、ゴールドマン・サックスの09年の利益は、07年の15％増となりました。

ＡＩＧ支援を含めると計７６５０億ドルの公的資金が金融機関に注入されたのですが、09年12月にシティグループとウェルズ・ファーゴが公的資金を返済したことで、アメリカ金融大手6社が政府の支援をほぼ離脱しました。

アメリカは深刻な金融危機をごく短期間で処理することに成功したのです。そのためリーマン・ショックの影響は、アメリカ国内では5年後の13年末頃にはほぼ払拭されました。

日本における不良債権処理は参考にならない

アメリカの金融危機は、日本が１９９０年代に経験した金融危機と似ていると言われることがあります。両者には共通点が多いのは事実です。いずれも、無謀な貸し付けの増加を原因として引き起こされた点です。

こうしたことがあるので、「90年代の日本の経験をアメリカに教えよう」という意見が、当時の日本でよく聞かれました。

麻生太郎総理大臣（当時）の所信表明演説の中で、「米国経済と国際金融市場の行方《ゆくえ》から目を離さず」との文言がありました。これは、現在の危機は他人事であり、対岸の火事であるとの認識です。さらに、麻生首相は、国連総会で「資本注入に関して日本の経験を教える」と述べました。

新聞の社説や識者の意見などにも、こうした意見がよく見られました。

しかし、第3章で見たように、日本の経験はあまり自慢できるものではなかったのです。第1に、対応が遅すぎました。日本で最初の資本注入が行なわれたのは、株価バブル崩壊のほぼ8年後です。しかし、アメリカは、リーマン・ブラザーズが破綻してから1カ月程度で問題を処理したのです。

「日本の出番だ」などと言うのは世迷《よま》いごとです。日本が「金融危機の処理にはスピードが必要」と言っても、なんの参考にもならず、失笑を買っただけでしょう。

それればかりではありません。日本における不良債権処理はきわめて不透明な形で行なわれたため、第3章の5で述べたように、どれだけの公的資金が投入され、損失がどのように負担されたかさえ、はっきりしないのです。しかも、それが大きな問題として意識されてもいません。

リーマン・ショック後に、日本では「アメリカ経済が破綻した」という議論が大流行しました。「資本主義がもう機能しない」という類の議論も大いに人気を博しました。

しかし、実際はそうではなかったのです。金融危機は驚くほど速くに収束し、アメリカ経済は急回復しました。それは、古いタイプの製造業に依存していなかったからです。

深い傷を負ったのは、古い産業構造を温存した日本でした。これまで述べてきたように、2003年頃からの景気回復は、アメリカの住宅価格バブルに乗ったものに過ぎませんでした。ですから、親のバブルが崩壊すれば、子のバブルも崩壊するのは当然のことでした。それは、「偽りの回復」と呼ぶべきものだったのです。

しかし、日本人は、それが一時的なバブルに過ぎないことに気づかず、改革を怠ったのです。

これについては、第6章で述べることにします。

GAFA企業が成長しつつあった

また、第4章で述べたように、アメリカでは別の動きも生じていたことを忘れてはなりません。

この時期に、世界では、新しい時代をリードする企業が成長しています。アメリカのGAFA《ガーファ》

（グーグル、アップル、フェイスブック、アマゾン）、中国のＢＡＴ（バイドゥ、アリババ、テンセント）と呼ばれる企業群がその代表です。アメリカは、工業化社会から脱却しつつあったのです。

日本では、残念ながら、そうした動きが生じませんでした。新時代をリードする企業が日本では登場しなかったのです。

この頃、グーグルは、Gmailという新しいメールサービスを開始。日本では２００６年８月23日に招待制からサインアップ制へ移行して、誰でも自由にアカウントを取得できるようになりました。私の場合には、07年からGmailのログが残っています。

これは、リーマン・ショックの前ということになりますが、いまの私には、リーマン・ショックより後のことのように思えてしかたがないのです。それだけではありません。04年にシリコンバレーで見聞きしたことも、リーマン・ショックより後のことのように思えるのです。

なぜこのような記憶の逆転現象が起きるのでしょうか？

リーマン・ショックの影響は現在の世界にはほとんど残っていないので、遠い過去のように思え、それに対して、ＩＴ革命やGmailは現在の生活の中で重要な役割を果たしているので、もっと近い過去に起こったように思えるからかもしれません。

第6章

崩壊した日本の輸出立国モデル

1　輸出立国の終焉

住宅バブル崩壊と日本の輸出激減

第4章の1、2で述べたように、リーマン・ショック前の数年間、日本企業の収益は改善を続けていました。

企業業績の回復は「日本企業が厳しいリストラ努力と改革を行なって、生産性が高まったためである」と説明されました。2005年頃には「日本経済は長い不況をやっと抜け出して、新しい成長を始めた」との意見が強くなりました。

それを反映して、株価も05年頃から顕著な上昇を示しました。そして、「これからは日本の時代だ」という類の議論も聞かれるようになりました。08年3月期の企業業績は、東証1部上場企業全体で、6年連続の増収増益となりました。

しかし、このメカニズムは、持続可能なものではありませんでした。「輸出依存型成長」は、日本経済に対する本当の解決ではなかったのです。日本の景気回復はメッキでした。

アメリカの住宅価格が下落を始めると、第5章の2で述べたように、キャッシュアウト・リファイナンスの魔法がきかなくなりました。アメリカにおける自動車販売額の急減は、こうしたメカニズムで生じたのです。

そして、円キャリー取引でアメリカに向かっていた資金が日本に還流し、円高になりました。これは「円キャリー取引の巻き戻し」と呼ばれる現象です。

ドル円レートの推移を見ると、07年6月には1ドル＝123・1円だったものが、08年3月には、すでに99・9円にまで円高になり、09年9月には89・8円になりました。

つまり、自動車需要が全体として急減し、しかも円高によって日本車の有利性が消滅したのです。こうして、二重の意味で、日本の自動車産業が逆風を受けました。アメリカ住宅価格バブルの崩壊によって、日本の製造業が壊滅的な影響を受けたのです。

在庫の急増に直面した企業は、生産活動に急ブレーキをかけました。日本経済は、「自由落下」としか形容しようのない急激な落ち込みに直面しました。

日経平均株価は、それまで1万8000円台で推移していましたが、2009年7月下旬から下落が始まり、1万7000円台になりました。8月下旬には1万5000円台にまで急落。その後持ち直したものの、11月からまた下落しました。

「リーマン・ショックはアメリカの投資銀行モデルの終焉だ」と言われます。確かに、「少ない自己資金を借り入れで膨らませ、リスクの高い金融商品に投資する」という「投資銀行モデル」は破綻しました。しかし、日本の「外需依存型成長モデル」も同時に終焉したのです。

アメリカの金融危機と日本の輸出モデルの崩壊は、同じことの裏表だったのです。

日本経済の実体は古いままだった

日本企業の体質が本当に強くなり、他社製品との差別化により付加価値を高める「非価格競争力」を獲得していたのであれば、為替レートの変動で企業収益が大幅に下落してしまうようなことにはなりません。そして、アメリカの金融危機によって日本の株価が、アメリカのそれ以上に下落してしまうことにもなりません。

「改革によって日本が変わった」という説明はまやかしに過ぎず、日本経済の実体は古いままだったのです。輸出増は、日本の輸出産業の真の競争力増強によって実現したものではなく、輸出量の拡大と円安によって、日本の輸出産業の価格競争力が実力以上に高まったことによるものだったのです。

実際、円レートは、2007年の夏頃には、歴史的な円安になっていました。実質実効為替レート（さまざまな貿易相手国との為替レートの加重平均。その際、物価上昇率の差を考慮に入れる：第1章の3参照）で見れば、1985年のプラザ合意直前のレベルにまで円安が進んでいたのです。

これにより輸出産業の収益が増加したのです。つまり、異常な円安に助けられて輸出関連企業の収益が増加しただけのことでした。景気回復と言われた現象は、誠に弱い基盤に立ったものだったのです。

日本では危機意識が弱かった

輸出が急減したにもかかわらず、日本では、まだ楽観論が支配的でした。

２００８年12月にダイヤモンド社から刊行した『世界経済危機　日本の罪と罰』の中で、私は「日本経済が08年度下半期から急激な減速過程に入り、年率数％のマイナス成長に陥る可能性が示唆される」（１９２頁）、「これまで日本が経験した実質経済成長率低下の最悪は１９９８年のマイナス２・１％だが、これを上回る事態がこれから生じる可能性は否定できない」（１９２頁）と書きました。

しかし、当時の雰囲気では、これは異端的な見方でした。「日本経済がマイナス成長に落ち込むことなどありえない」と考えられていたのです。実際、11月の段階では、マイナス成長に陥るとの予測はありませんでした。日本銀行の「経済・物価情勢の展望」（08年11月４日）は、09年度の実質ＧＤＰ成長率を０・３〜０・７％とみていました。

実際には、09年１月に発表されたＧＤＰ速報で、08年10〜12月期の日本の実質ＧＤＰが年率で2ケタの下落になりました。

1980年代以降の世界経済は、ブラックマンデイ（87年10月19日にニューヨーク証券取引所を発端に起こった、世界的な株価の大暴落）、アジア通貨危機（97年7月から始まった、アジア各国の急激な通貨下落現象）、ITバブル崩壊（アメリカのIT関連企業の株価が異常に上昇した後、2000年代初頭に急落した現象）などの危機を経験しました。これらは、直接の関係者には深刻な問題だったでしょうが、世界的なスケールから見れば、一部の出来事でした。90年代の日本のバブル崩壊も、日本では戦後最大の経済問題でしたが、世界経済の動向に影響を与えるようなものではありませんでした。

それに対して、リーマン・ショックは、ずっと深刻で、ずっと広がりが大きいものでした。元FRB議長のアラン・グリーンスパンが「百年に一度の危機」と言ったのは、決して誇張ではありません。とくに日本の立場から言うと、そうなのです。

2 中国の景気拡大策で日本の製造業が回復

中国の4兆元景気対策

リーマン・ショック後に未曽有の危機に陥った日本の製造業は、その後、回復しました。これは、以下で述べる2つの要因によります。

第1は、中国が行なった景気対策です。

中国の経済成長率は、2008年の前半には2ケタでしたが、リーマン・ショックの影響で見通しが急速に悪化。これに対して中国政府は、4兆元（約57兆円）規模の投資を10年末まで実施するという空前規模の緊急経済対策を08年11月に発表。また、5回にわたる利下げを行ないました。

4兆元は、中国のGDPの16％程度に当たる巨額のものです。ただし、中央・地方政府による投資だけでなく、独立採算の政府機関や企業によるものを含む事業の総額です。したがって、その財源としては、銀行による融資が大部分を占めました。事業対象としては、内陸部などのインフラ投資や、国有企業の大規模設備投資に重点が置かれました。

この結果、中国の公共事業、住宅建設、都市開発事業などが爆発的に増加したのです。

対中輸出が顕著に増加

中国で投資が急増したため、日本の対中輸出も顕著に増加しました。

対中輸出の推移を見ると、2008年10月に1兆1595億円だったものが、09年1月には5109億円と、半分以下にまで落ち込んでいました。ところが、その後急速に回復し、09年12月には1兆702億円となり、10年10月には1兆1671億円となって、リーマン・ショック前の水準を超えました。とくに工作機械や建設用機械の伸びが顕著でした。

他方で対米輸出の推移を見ると、08年10月に1兆2064億円だったものが、09年1月には5718億円に落ち込みました。09年12月には8328億円まで回復したものの、リーマン・ショック前よりかなり低い水準です。その後も、1兆円未満の水準が12年頃まで続きました。

したがって、日本の製造業が息をついたのは、対中輸出の増加によるものであったと考えることができます。

中国の緊急経済対策が地価高騰を招く

中国は、大規模な経済対策によって、深刻な経済停滞には陥らずに済んだのです。ただし、これは、中国経済にいくつかのマイナスの結果をもたらしました。

第1は、国有企業や地方政府に溢れた資金が不動産市場に流れ込み、住宅価格のバブルが起きたことです。中産階級でも購入が難しいほど住宅価格が高騰しました。住宅価格の年間所得に対する倍率を見ると、2009年に大きく上昇し、平均で11倍程度の高水準となりました

（ただし、07年が最も高く、13倍程度の水準でした。それがリーマン・ショックで低下し、拡張政策で再び上昇したのです）。

中国のバブルは、ある意味ではアメリカのバブルの継続です。アメリカでのバブル崩壊に対応して中国が景気刺激策を取り、その結果引き起こされたものだからです。

第2は、企業の債務が高水準になったことです。後者は、現在に至るまで、中国経済の深刻な問題として残っています。

地方政府の不動産開発とシャドーバンキング

不動産開発事業は、地方政府を中心として行なわれました。地方政府が金融機関から融資を受け、農民から安値で農地を買い上げて宅地を開発し、高値で売却して利益を得たのです（ただし、中国では土地所有権がないので、正確には「期限付き土地使用権」の売買）。これは不動産デベロッパー業務です。そして、不動産価格上昇が続いていたので、これは地方政府にとっての「錬金術」になりました。

こうしたプロジェクトには、銀行の正規融資以外の資金も多く流入しました。これが、「シャドーバンキング（陰の銀行）」と呼ばれるものです。

銀行やノンバンクなどが利回り10％などとして、高利回りの金融商品を個人投資家に販売しました。これは、「理財商品」と呼ばれるものです。中国では、金融自由化が行なわれておらず、銀行預金金利はインフレ率以下なので、富裕層は資産運用利回りを高めるために、これに投資しました。

他方、借り手の側から見ると、銀行融資の基準は厳しく、また、地方政府は原則として地方債の発行を禁じられています。こうした事情を背景に、シャドーバンキングが資金の出し手と、資金を調達したい借り手を結びつけたのです。この仕組みが中国の資産バブルを資金面で支えました。

3　政府に依存するようになった製造業

雇用調整助成金やエコカー減税

日本の製造業がリーマン・ショック後の落ち込みから回復できた第2の要因は、日本政府の支援です。

製造業に危機が及んできた際、メーカーから政府に対して、あからさまな補助の要請が行なわれました。

政府は雇用調整助成金の支給額引き上げによって、企業が過剰な人員の雇用を続けることを奨励しました。また、日本航空などの不振企業に対して、２００９年10月に発足した企業再生支援機構を通じて直接的な補助も行ないました。

いま一つは、自動車や家電製品の購入支援策です。自動車に対しては、09年4月からエコカー減税とエコカー補助金制度を実施。また、11年7月に地上デジタル放送への完全移行が行なわれることとされました。これは、テレビ受像機の買い替え需要を増大させるので、テレビ受像機の製造に対する支援の意味がありました。

購入支援策の恩恵で、09年になってから日本の自動車産業は一息つきました。普通車の生産は、08年9月には約52万台だったものが、リーマン・ショックで急減し、09年3月には約18万台と3分の1程度になっていました。ところが、09年9月には約39万台にまで回復したのです。

その一方で、普通車より補助の程度が低かった軽四輪車の生産は、この期間にほぼ10万～12万台の水準で大きな変動なく推移しています。したがって、普通車の09年3月以降の増加は、そのほとんどが購入支援策によるものだったと推測されます。

鉱工業全体の生産指数は、08年2月のピーク１１０・１から、09年2月の69・5まで36・9％下落したのですが、09年9月には85・7まで回復。これは、08年2月の77・8％の水準です。

他方で、乗用車は、08年1月のピーク129・0から09年2月の48・3まで62・4%下落した後、09年9月に94・5まで回復。これは、08年2月の73・7%の水準です。

このように、自動車の生産指数は全体指数に比べて、危機においてより大きく落ち込み、そしてその後、より顕著に回復したのです。

民間企業が政府支援に依存するようになった

高度成長期においては農業部門に対して直接的な補助がなされたのですが、それと基本的には同じことを、この時期に製造業やサービス業が求めたわけです。しかも、そうした措置はまったく批判を浴びることはありませんでした。「苦境に陥っている産業に政府が補助を与えるのは当然である」という考え方が一般化してしまったのです。

こうした政府依存は、高度成長期にはなかったことです。例えば、1963年から64年にかけて3回にわたって国会に提出された特定産業振興臨時措置法案（特振法案）は、審査未了のまま廃案となりました。そうなった大きな原因は、経済界の賛同を得られなかったことです。

当時の経団連会長 石坂泰三は、「形を変えた官僚統制」として政府の介入に対してきわめて強い反発を示しました。高度成長期に政府が果たした役割は大きかったのですが、それは金融を通じた間接的なコントロールによるものであり、政府が直接製造業を支援したわけではありませんでした。

こうしたことが、リーマン・ショック後には変わってしまったのです。支援策を通じて、政府は、従来型企業の生き残りを助けました。これらは、日本経済の構造を改革するようなものではありませんでした。むしろ、新しい産業や企業が生まれてくるのを阻害したのです。

政府の介入を受け入れる経済界の姿勢は、いまに至るまで残っています。エコカー特別減税は、当初は3年間の時限措置として導入されたのですが、現在まで残っています。

4　日本経済は構造を転換できず

脱工業化ができなかった

1990年代における世界経済の大きな変化の一つとして、工業製品の価格低下があります。これは、中国などの新興国が工業化し、低賃金労働の活用で工業生産ができるようになったからです。

この変化で、アメリカは大きな利益を得ました。また、アイルランド、イギリス、北欧諸国なども、この変化によって受益しました。

ところで、90年代の世界経済構造の変化の中で、日本の産業構造がまったく変わらなかったわけではありません。

実際、80年代以降の日本経済に生じた最も顕著な構造変化は、輸入構造の変化です。かつての日本経済は、原材料を輸入して工業製品の生産を行ない、これを輸出するという基本構造を持っていました。これを反映して、80年代の初めまでは、食料・原材料輸入が総輸入の約4分の3、製品輸入が約4分の1という構成になっていました。

しかし、90年代になって、これらがほぼ同比重となり、その後は、製品輸入のほうが多くなりました。内容を見ると、機械類部品等の資本財および消費財の伸びが顕著です。機械類部品等の輸入額は、95年に原油輸入額を上回りました。

ただし、日本は世界経済大変化の利益を、十分に享受できませんでした。むしろ逆に、新興工業国との競争によって、国内産業が疲弊したのです。それは、旧来型の産業構造にこだわったからです。

そして、古いタイプの産業を支えるために、金融緩和と円安政策が取られました。つまり、本当に必要な構造改革は産業構造の変革だったにもかかわらず、近視眼的なバイアスのために、まったく逆の経済政策が取られたのです。

古いビジネスモデルに固執し続けた

２００４年頃以降の円安の中で、日本で工場国内回帰が起こったことを、第４章の２で述べました。そこで建設されたのは、部品から最終製品までを生産する「垂直統合型」の工場です。ところが、第２章の４で述べたように、この頃の世界では「水平分業型」への移行が進みつつありました。それを実行した典型的な企業が、アップルです。アップル以外にも、アメリカの製造業は、製造工程以外に集中するビジネスモデルに、明確に方針を定めました。

製造業において、製造段階の利益率は高くありません。標準的な工程なので、他企業での代替が可能だからです。ここでは、安い労働力を使う大量生産が有利になります。

他方で、新しい製品のアイディアや研究開発、ブランド力を利用した販売は、他に真似《まね》ができず、差別化が可能です。したがって、利益率が高くなります。

それにもかかわらず、リーマン・ショック前の日本では、垂直統合型が優位との意見が優勢でした。しかし、これまで述べてきたように、垂直統合型が強いように見えたのは、円安が進行したからなのです。リーマン・ショックでそのビジネスモデルが崩壊した後、考え方を変えるべきでした。

日本では、リーマン・ショック後においても、垂直統合型の巨大工場が必要だとの意見が強く残っていました。パナソニックの大坪文雄社長（当時）の、「わが『打倒サムスン』の秘策」（『文藝春秋』、2010年7月号）は、その典型です。これは、韓国サムスンの成長に危機感を抱き、サムスンに負けない大工場を造るという発想です。

垂直統合型モデルの敗北が誰の目にも明らかになったのは、11年秋の中間決算です。ここで、日本のエレクトロニクス企業は大幅な赤字に陥りました。

パナソニック大赤字の原因として、姫路市で稼働した新工場があると言われます。シャープは、液晶テレビの代名詞だった亀山工場の大半を、中小型パネルの生産に転換するなど、大幅な戦略転換を図り、最終的にはホンハイ（鴻海）に買収されることとなりました。

結局のところ、日本の製造業は、古いタイプの製造業の復活にこだわり続け、世界経済の構造変化に対応できなかったのです。

5　リーマン・ショック後の世界的金融緩和とユーロ危機

アメリカの金融緩和策QE1とQE2

２００８年のリーマン・ショックの直後から、アメリカで量的金融緩和が実施されました。08年11月に、ＦＲＢが、後にＱＥ１と呼ばれることとなった緩和策を導入。これは、アメリカ国債を３０００億ドル、ＭＢＳ（住宅ローン担保証券）を１兆２５００億ドル購入するものです。ＱＥ１は、10年３月まで実施されました。

ＦＲＢは、10年11月にＱＥ２として、６０００億ドルの国債を買い取ることを決定。これは景気回復の促進、インフレ率の低下、長期金利の押し下げを目的とするものです。ＱＥ２は11年６月まで継続しました。

ユーロバブルとその崩壊：ユーロ危機

アメリカの住宅バブルが崩壊したとき、それまで証券化商品に投資されていた資金は、他の対象に移動しました。当初は、原油や農産物などの商品市場に流れ込んで、これらの価格を急騰させ、さらに、ユーロ圏と新興国に流れ込みました。

ユーロ圏に流入した資金は、そこでバブルを引き起こしました。スペイン、アイルランド、東欧諸国で、住宅価格が急上昇したのです（ユーロ圏ではないのですが、英国の住宅価格も急上昇しました）。

また、ギリシャをはじめとする南欧諸国の国債にも流れ込んで、国債バブルを引き起こしました。

ところが、南欧諸国の国債は、もともとリスキーなものが多いのです。したがって、ほどなくバブルは崩壊。そのため国債を売却せざるをえなくなり、価格が急落（利回りは急上昇）します。２００９年にギリシャの財政問題が顕在化したことをきっかけに、南欧国債のバブルが崩壊しました。

スペイン、イタリア、ギリシャなどの南ヨーロッパ諸国から資金が流出し、長期金利が高騰しました。これがユーロ危機です。

ユーロ圏から安全を求めて逃げ出した資金は、日米独などの「セイフヘイブン」（安全な港）に流れ込みました。こうした動きは、「リスクオフ」と呼ばれます。

日本の国際収支において、証券投資収支は１９９２年以降（２００４、06、07年を例外として）、継続的な赤字（資本流出）でした。ところが、11年においては、約13兆円という巨額の黒字（資金流入）を記録しました。

日米独に流入した資金は、国債の購入に向かい、長期金利を記録的な水準にまで引き下げたのです。南欧国債の利回りは急騰していたので、これにより、長期金利の二極化現象が生じました。

１９９０年代以降、先進国はインフレから脱却しました。これによって、金融緩和を継続することへの危機感が失われ、先進各国の金融政策が緩和へのバイアスを強めたのです。

確かに、金融緩和をしても、財やサービスのインフレが引き起こされることはなくなりました。しかし、資産価格のバブルは起こりやすくなりました。つまり、先進国においては、財価格のインフレ（フローのインフレ）は消滅したのですが、それに代わって資産価格のインフレ（ストックのインフレ）が起きやすくなったのです。

第7章

民主党内閣と東日本大震災

1　政権を取った民主党は、期待に応えたか？

鳩山内閣の成立

２００９年7月に衆議院が解散され、総選挙が行なわれました。各種世論調査で終始民主党の圧倒的優勢が伝えられていましたが、実際に、民主党は絶対安定多数を超える３０８議席を確保し、政権交代を実現しました。

３０８議席は、一つの党が獲得した議席数としては戦後最多でした。比例区の得票も２９８４万票を超え、日本の選挙史上で政党名の得票としては過去最高を記録しました。

09年9月、鳩山由紀夫内閣が発足。人々は、リーマン・ショック以降の日本経済の惨状を見て、経済構造も政治も変わらなければならないと考え、その役割を民主党に期待したのです。

しかしながら、以下に見るように、09年から12年にかけての民主党政権は、人々の期待を裏切る結果になりました。

事業仕分けはパフォーマンスに過ぎなかった

民主党は、2009年の総選挙におけるマニフェストで、「無駄を見直すことによって16・8兆円の財源が捻出できる」と主張。そして、政権獲得後、10年度予算において、子ども手当、高校無償化、農家所得保障などの典型的なバラマキ政策を実施し、歳出を前代未聞の規模に拡大しました。

しかし、その財源を探しだすための「事業仕分け」は、結局はパフォーマンスに過ぎず、財源は出てきませんでした。注目を集めた仕分け作業で節約できたのは、わずか7000億円程度でしかなかったのです。

無駄の排除は確かに必要なことです。しかし、それだけで財政再建ができると考えるのは、イルージョンに過ぎません。無駄の排除は、財政健全化の必要条件ではあっても、十分条件にはほど遠いのです。

鳩山政権が掲げた「増税なしに新しい施策ができる」という方針は、もともと、政策とは言えないレベルの、思いつき程度のものだったのです。

10年6月に民主党代表選挙が行なわれ、新しいリーダーに菅直人氏が選出されました。7月に行なわれた参議院選挙で民主党が大敗し、再び「ねじれ」国会になります。

インターネットが広がり、情報環境がさらに変化する

1990年代に広がったインターネットの利用は、2000年代になって、さらに広がりました。これによって、情報環境が大きく変化しました。

それを象徴した事件が、10年9月に起きました。中国の不法操業漁船と日本の海上保安庁の巡視船の衝突事故が起きたのですが、政府はその証拠写真を公表しなかったのです。ところが、動画がユーチューブに投稿され、大きな反響を呼びました。これは、情報の拡散が新しい時代になったことを、きわめて印象的な形で示した事件でした。

この頃、ツイッターやフェイスブックなど、SNSと呼ばれるサービスが広がりました。私自身は、SNSにはなかなか馴染《なじ》めないでいました。しかしそうも言っていられません。これにどう対応するかは、私にとってまだ完全には解決ができていない問題です。

11年の3月に私は早稲田大学大学院を定年退職しましたが、その後も研究所の顧問という形で早稲田大学に残ることになりました。

このときから、一般向け開放講座である「特別講義」を、月に1回行なっています。質疑の時間を長くして、受講生の方々との対話を楽しんでいます。この講義はいまでも続けており、どなたでも申し込んでいただければ受講できます。ご興味のある方は、私のツイッター(https://twitter.com/yukionoguchi10) に通知を出していますので、それをチェックしてくださ

い。

また、早稲田大学ファイナンス研究科で教えた卒業生を集めて、野口塾という研究会を作りました。

2　東日本が無人地帯になる可能性があった

東日本大震災と福島原発の危機

2011年3月11日14時46分に、東日本大震災が発生しました。三陸沖の海底を震源とするマグニチュード9・0の地震が起こり、その約1時間後に巨大な津波が発生したのです。

大震災の日に、私は早稲田大学の日本橋キャンパスで、ある新聞のインタビューを受けていました。インタビューが終わって廊下を歩いているとき、建物が大きく揺れたのです。窓ガラスから外に投げ出されそうな振動でした。

この直後に東京電力福島第一原子力発電所が、危機的な状態に陥りました。

運転中の1～3号機では、制御棒を挿入して自動的に停止することに成功したのですが、地震で送電線の鉄塔が倒壊して外部からの電気供給が停止し、さらに、津波の直撃を受けたのです。

これによって海水ポンプなどが破壊され、非常用ディーゼル発電機も使えなくなりました。このため、全交流電源喪失の状態となり、原子炉停止後に必要な炉心の冷却ができず、炉心溶融を引き起こしたのです。

1号機で12日午後、3号機で14日午前に水素爆発が発生。原子炉建屋が損壊しました。定期検査で停止中の4号機でも、15日朝に爆発が発生し、原子炉建屋が損壊しました。

大気中への放射性物質の放出量は、旧ソ連チェルノブイリ原発事故の場合の12〜15％前後とみられています。広範囲の地域が汚染し、周辺地域の住民約15万人が避難しました。

この事故は、国際原子力事象評価尺度（ＩＮＥＳ）で、旧ソ連のチェルノブイリ事故と同じレベル７（深刻な事故）と評価されました。

日本は偶然によって生き延びた

日本が消滅してしまうのではないかと、多くの日本人が真剣に恐れました。

2号機の危機に際して、当時の福島第一原子力発電所の吉田昌郎《まさお》所長は、死を覚悟し、「東日本壊滅」をイメージしたといわれます。もし2号機が爆発していれば、東日本は居住不能地域になった可能性があるのです。

2号機の爆発がなぜ食い止められたかは、いまに至るまではっきり分からないのですが、偶然としか思えません。日本は、偶然によって生き延びたのです。

私の自宅の周りには外国人が何人か住んでいたのですが、ドイツ人があっという間に帰国してしまったので驚きました。彼らは、日本はもう住めない場所になったと思ったのでしょう。私も連日テレビで福島原発の状況を見ながら、ハラハラしていました。

停電があったり、水道水が汚染されたと報道されたりもしました。

この事件は、原子力発電の安全性に配慮を怠ったために起きたものです。それまでの日本経済がいかに脆弱《ぜいじゃく》な基盤に立つものであるかを、改めて日本人に認識させることになりました。

この年の春、いつもと同じように、梅が咲き、桜が咲き、桃が咲きました。自然は大震災や原発事故とは無関係に、サイクルを繰り返しており、人間世界のことなどには無関心なのです。なんと残酷なことだろうと思いました。

日本経済に大きな影響

東日本大震災は、日本経済に大きな影響を与えました。

影響は、まず、電力を通じて生じました。電力供給能力の低下を受けて、東京電力や東北電力で計画停電が実施されました。

これまで日本で電力の問題が起きなかったのは、原子力発電に依存できたからです。仮に原子力に依存できなかったとすれば、電力の量的確保は難しく、また、発電コストも高かった可能性があります。東日本大震災は、日本経済が抱えるそのような潜在的問題を、一挙に顕在化させたのです。

また、それまでの日本の輸出立国が、「原子力発電は絶対安全」という神話の上に築かれたものであることも明らかになりました。福島原発事故以前、日本は電力の半分を原子力発電で賄うことを目標としていたのですが、東日本大震災がその神話を崩壊させたのです。

震災後に一度すべての原発が停止して以来、これまでに再稼働に至った原発は、60基中9基しかありません。

また大震災で工場等の生産設備が損傷したため、日本全体の製造業のサプライチェーンに被害が及び、被災地以外の生産活動をも麻痺《まひ》させました。自動車の場合には、海外生産拠点の生産にも影響を与えました。

3　貿易赤字が拡大

輸出大国から輸入大国へ

大震災は、日本の貿易構造にもきわめて大きな影響を与えました。

日本の貿易収支黒字は、2007年頃までは、年間10兆円程度の水準でした。第6章の1で述べたように、リーマン・ショックによってこれが急減し、08、09年には4兆円程度に縮小しました。しかし、10年には7兆円程度まで回復していました。それが震災後には赤字になったのです（図表4-1参照）。

震災後の貿易収支の推移を見ると、11年4月に4648億円の赤字、5月に8537億円の赤字となりました。これは、1979年以降では、リーマン・ショック後の09年1月の9679億円に次ぎ、過去2番目の大きさの赤字でした。

震災前の10年4月の貿易収支は7292億円の黒字だったので、1兆6000億円ほど悪化したことになります。この数字は、日本経済が震災によって大きな影響を受けたことを、明確に示しています。

貿易収支の黒字がこのように減少した第1の要因は、震災によってサプライチェーンが損壊し、自動車生産が落ち込み、輸出が落ち込んだことです。しかし、これは11年6月頃には、ほぼ回復しました。

第2の要因は、輸入が増えたことです。中でも、鉱物性燃料の輸入が増加しました。とくに、液化天然ガス（LNG）の輸入額の伸びが顕著でした。これは、発電の火力シフトによってLNGなどの発電用燃料の輸入量が増え、それに加えて価格が上昇したことによるものです。原油価格が下落を始めたため原油の輸入額は頭打ちになりましたが、液化天然ガスの輸入は増加を続けました。

日本では、伝統的に輸出振興と貿易立国が同義と考えられてきました。そして、輸出促進のために円安が必要と考えられてきました。しかし、輸入によって豊かな国民生活を実現することも、貿易立国の一つの姿です。震災からの復興期には、とくに輸入の重要性が増しました。

また、貿易収支の黒字が減少して赤字が恒常化すれば、円高によって利益を受ける人が、それによって損失を被る人より多くなります。つまり、国全体としても、円高が望まれることになります。しかし、そうした認識は一般化しませんでした。

投資立国への転換が必要

図表7-1　所得収支と経常収支の推移

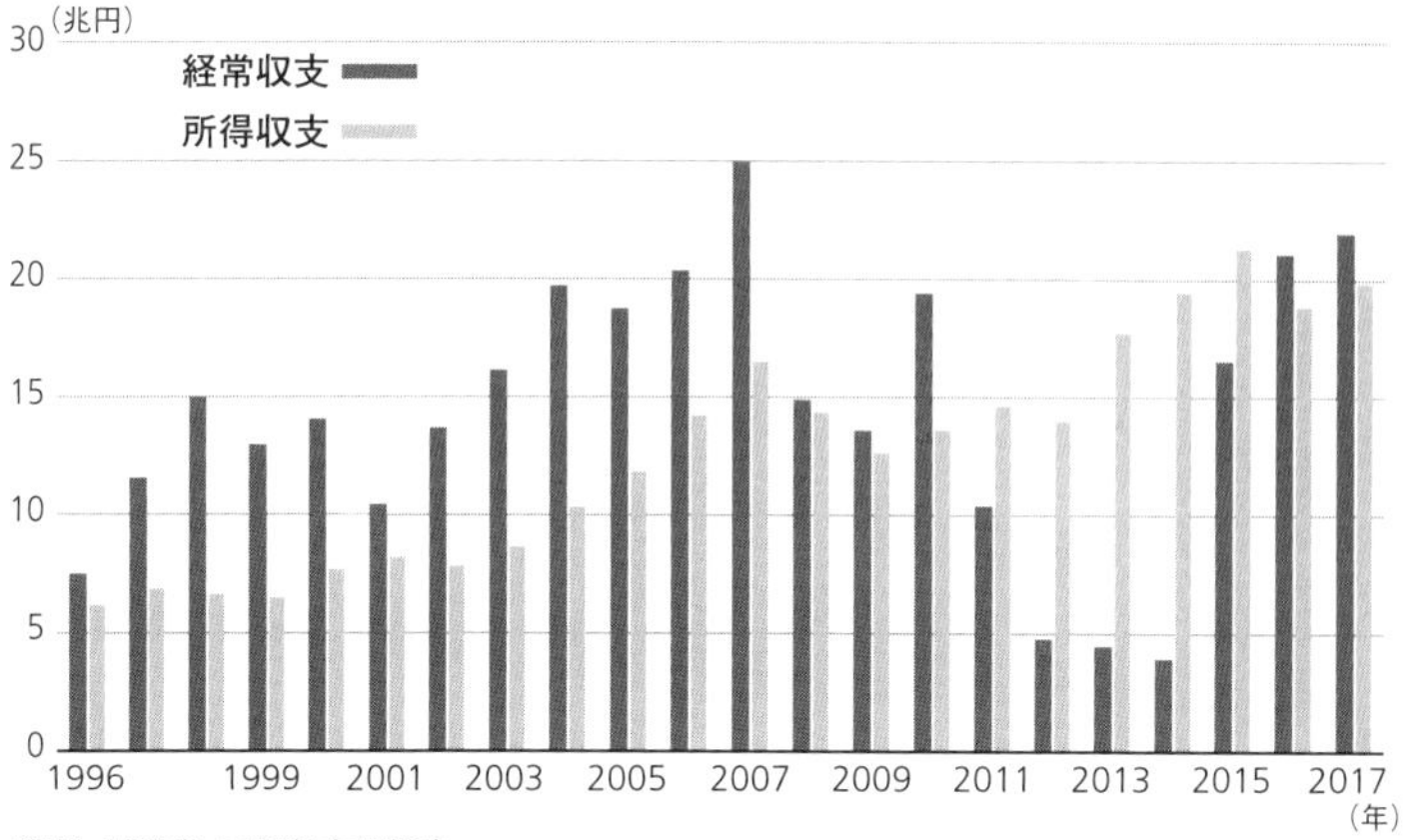

資料:財務省、国際収支総括表

国際収支を構成するもう一つの項目である所得収支は、この時期においても、依然として巨額の黒字を続けました。したがって、経常収支は赤字になりませんでした（貿易収支は、財・サービスの輸出と輸入の差。所得収支は、対外資産の収益と対外負債の利払いの差です）。日本は、貿易収支の赤字を所得収支の黒字で補う国になったのです。

リーマン・ショック以前の日本では、貿易収支が黒字でした。これは、「未成熟な債権国」と呼ばれるものです。

しかし、前述のように貿易収支は２００８年には赤字に転じ、大震災によっても赤字になりました。

また、人口構造の高齢化によって、今後は、貿易黒字は縮小していくと考えられます。したがって、長期的に見ても、日本の「輸出立国」は不可能になります。

日本は、海外資産からの所得で経常収支が黒字になる債権国（成熟した債権国）に移行しつつあるのです。

「自然資源に乏しい日本は、輸出で外貨を稼がないと生きてゆけない」という考えは、誤りです。日本は、額に汗してモノづくりに励み、貿易黒字を稼ぐ必要は、必ずしもないのです。すでに蓄積した資産の運用によって、輸入を賄うことができるからです。

日本が巨額の対外資産を保有し、そこから巨額の所得収支の黒字が実現していることを考えれば、貿易収支の黒字に固執する必然性は薄れています。この点において、日本人は考えを大きく転換する必要があります。

そうした段階の日本にとって、対外資産の運用利回りを向上させることは、輸出を増大させるより重要な課題です。

ところが、実際の値を見ると、日本の対外資産の収益率は高くありません。それは、日本の対外資産は証券投資が多く、しかも国債に対する投資が多いためです。

対外資産の運用を適切に行なえるような金融技術を蓄積することが重要であり、今後の日本は投資立国を目指すべきなのです。

4　ユーロ危機で円高となり株価が下落

円高が進む

大震災後の日本は、円高に直面することになりました。

第6章の5で述べたように、ユーロ危機によって南欧国債の利回りが上昇（価格が暴落）し、投機資金が安全投資先と見なされた日本円に流れ込んだからです。

日本経済は、円安になると企業利益が増えて株価が上昇し、円高になると企業利益が減って株価が下落するという傾向があります。このときにも、円高によって株価が下落しました。

この問題に対する民主党の立場は、私にとっては理解しがたいものでした。本来であれば、労働者の立場から、円高が望ましいと主張すべきだったのです。そして、円高に対応できるように日本の産業構造を改革するような条件を整えるべきだったのです。

しかし、民主党政権は、安易な解決を求めて、円安を志向しました。そして、為替市場への直接介入すらしたのです。しかし、介入したところで為替レートの趨勢《すうせい》が変わるはずはなく、民主党政権は追いつめられていきました。

これは、日本の経済政策論議において、労働者や消費者を代表する政治勢力が不在であることをはっきり示しています。

なお、2012年の夏にユーロ危機が収束し、為替レートは円安に向かいました。これについては、第8章の2で述べます。

円高や海外移転は阻止すべきものか？

この当時、「円高が日本経済を破壊する」といった意見が支配的だったのですが、これについては、つぎの2点を述べておきたいと思います。

第1に、貿易に影響を与えるのは、通常問題とされる名目のレートではなく、各国の消費者物価指数の伸び率の差を考慮に入れた「実質実効為替レート」です。これで見れば、この時点でもまだ大幅な円安でした。実質実効為替レートは、過去のピーク（1995年）に比べると5割ほど円安であり、2000年頃と比べても、3割ほど円安だったのです。

第2は、円高は、消費者の立場からは望ましいということです。本章の3で述べたように、燃料輸入が増えること自体は不可避であったので、それを安く購入するために円高が重要な役割を果たすのです。

製造業の海外移転は、円高の影響ですでに10年夏頃から急速に進展していましたが、震災による国内生産条件の悪化で、さらに進みました。

もちろん、海外移転は大きな問題を引き起こします。それは、国内の雇用を減少させることです。しかし、それは、海外移転を阻止することによってではなく、新しい産業を国内につくることで対処すべき問題です。

三党合意から解散へ

かねてから、消費税の引き上げの必要性が議論されていました。これは、高齢化社会の財源を確保するために不可欠のことだったのですが、消費税の増税は、政治的に不人気であることは否定できません。

このため増税は先延ばしにされていたのですが、2012年3月、民主党・自由民主党・公明党の三党間において、「社会保障と税の一体改革に関する合意」（いわゆる「三党合意」）がとりまとめられ、消費税の増税が決定されました。

12年11月16日に開かれた本会議で野田佳彦首相が衆議院を解散。民主党政権が誕生した09年8月以来、3年4カ月ぶりの衆院選が行なわれました。

12月の総選挙において民主党は惨敗し、09年以来3年間にわたる民主党政権は、あっけなく崩壊したのです。

世界的金融緩和競争

2012年には、主要先進国の中央銀行が金融緩和競争を繰り広げました。

欧州中央銀行（ECB）は、12年9月6日に、南欧諸国（主としてスペインとイタリア）の国債の無制限購入を決定しました。これを受けて、翌日にはスペイン10年国債の利回りが5・57%、イタリア10年国債が5・02%と、劇的に低下。また、ユーロが上昇しました。

これに続き、FRBは、12年9月12～13日に開催された連邦公開市場委員会（FOMC）で、QE3と呼ばれる量的緩和政策を導入しました。これは、不動産市場の活性化や雇用環境の改善などを目的とするものです。

日本銀行も、12年10月30日に追加金融緩和措置を決め、国債購入等のための「資産買い入れ基金」を11兆円拡大しました。さらに、13年4月には、「異次元金融緩和」措置を導入しました。これについては、第8章で見ます。

5　私たちの世代の2010年代

一個人が始めた奨学金

私たちの世代は、2010年代には70歳代になりました。

この年代になって、亡くなる友人たちが増えてきたのですが、その一人に、高校時代の同級生、半田宏治君がいます。彼は、若いときにカナダに渡り、トロントで日本車のディーラーを始めて成功し、60歳で引退しました。

組織に頼って上役の顔色を窺《うかが》いながら働くのが嫌で、何とか自分で仕事をしたいと考えた点で、彼と私には共通点がありました。

そして、事業を売却した資金で奨学金をつくったのです。この奨学金は、「半田フェローシップ」と名づけられました。個人が拠出した基金ですから、それほど巨額なものではありません。総額18万ドルで、一人当たり2年間にわたって3万ドルを給付し、返済は不要というものです。

「奨学金」という観点から見れば、これは「ささやかな計画」というべきかもしれません。政府や大企業がなしうる規模に比べれば、確かに小さなものです。しかし、これは、一人の市民がやったことです。

事業で成功した人は大勢います。しかし、それらの人々の多くは、結局のところ、豪邸を建て、別荘を買い、高級車を乗り回し、ということにしかカネの使い道を見出せなかったのではないでしょうか。仮に本人が寄付を考えたとしても、周りの人たちがそれを許さなかったかもしれません。とりわけ、遺産を当てにする人々を説得することは、大変難しいでしょう。

一人の個人が思い立って奨学金をつくるのは、決して誰にでもできることではありません。もし半田フェローシップの規模を「たいしたことはない」と言う人がいるなら、「はたして自分にできることか?」と自問してほしいものです。

18年の11月に、日産自動車のカルロス・ゴーン前会長が逮捕される事件が起きました。稼いだ金額からいえば、ゴーンのほうが半田君を遥かに超えていますが、その使い道という点でいえば、明らかに半田君の勝ちです。私は、こういう友人を持てたことを誇りに思っています。

どういう仕組みにしたらよいだろうと半田君から相談を受け、いろいろと検討した結果、アメリカ、ペンシルベニア大学のウォートン・スクールに合格した日本人の中から選ぶことにしました。

半田君と私、それに若干名を加えて選考のための日本委員会をつくり、03年に最初の面接を行ない、2名の受給生を決めました。4年間にわたり、全部で6人に支給しました。

半田君の願いは、奨学生の中から日本を変える人が現れることでした。狭い日本社会のルールにとらわれず、また、大学で学んだ専攻にとらわれず、もっと自由な発想で未来を拓《ひら》いてゆける人材です。そして、「日本と外国」というような区別を意識せずに全世界的な視野で仕事を遂行できる人材です。

実際、日本経済を再活性化するのは、結局は人材なのです。成長戦略で最も弱いのがここです。経済活動を支える人材がいなければ、日本経済が活性化するはずはありません。それにもかかわらず、人材育成の具体的な方策はきわめて不十分です。こうした状況を踏まえて、半田君の願いは、この奨学金を永続的なものに成長させることでした。

しかし、病を得て、11年、東日本大震災の直後に亡くなりました。その直前まで、彼がトロントの郊外に持っていた広い農場の建物を改築して、若い社会人のための研修プログラムを作ろうと2人で相談していました。そのことが、いま懐かしく思い出されます。

私の70歳代

70歳代になって、私は教える義務から解放され、自分の好きなことだけをできるようになりました。

2013年6月、韓国出身の世界的バイオリニスト、チョン・キョンファのサントリーホールでのリサイタルを聞きに行きました。

私はキョンファのファンで、それまでも、2度ほど、彼女の演奏を聞きに行っています。主催者とコンタクトがあったので、2度とも、花束を持って楽屋に押しかけたほどです（彼女は、快く受け取ってくれました)。

私は、日本の経済政策論争に大きな不満を抱いていたのですが、キョンファの演奏がホールを感動の渦に包んだのを見て、「株価や為替レートがどうなろうと、そんなことには関係なく、人生は生きるに値する」と、強く感じました。

14年には、仮想通貨に興味を持ちました。ちょうどこの頃、ロシアがウクライナに侵攻し、ウクライナの写真がウェブに多数現れました。その中に、街路に築かれたバリケードの写真がありました。犠牲者に捧《ささ》げた花束が置かれており、その脇にビットコインのロゴとQRコードが示されたポスターがあります。“Ukrainian revolution ask for support in Bitcoin”(ウクライナの革命にビットコインでの支援を)と英語で書かれています。

世界のどこからでも、地球の裏側からでも、ロシアの大国主義に反対する人は、この写真にあるビットコインのQRコードに寄付を送ることによって、戦っている人々を援助することができます。ビットコインによる新しい政治運動の可能性が生まれようとしていたのです。

私は、これに感動しました。その感動を、『仮想通貨革命』(ダイヤモンド社、2014年6月)という本にまとめました(ところが、その後、ビットコインは値上がり益を得ようとする投機の対象となってしまい、とくに17年には価格が異常に上昇しました。ビットコインが本来持っている右のような意義が忘れられてしまったのは、残念なことです)。

第8章

アベノミクスと異次元金融緩和は何をもたらしたか?

1　異次元金融緩和はマネーを増やさなかった

異次元金融緩和政策で増加したのは「おカネのモト」だけ

日本銀行は、2013年4月に、異次元金融緩和措置を導入しました。民間銀行が保有している長期国債を年間約50兆円買い入れ、消費者物価の対前年比上昇率を2%にしようとするものです。

ところで、新聞等で異次元金融緩和政策を説明するとき、決まり文句のように、「市場に大量のマネーが供給された」とか「マネーがジャブジャブに供給された」と言われます。

しかし、これは著しい誤解です。実際には、そのようなことは起きませんでした。

誤解の原因は、「マネタリーベース」と「マネーストック」の混同です。「マネーストック」とは、経済に流通するお金の残高であり、「マネタリーベース」とは、いわば、「おカネのモト」です(注)。

異次元緩和措置で、日銀は、「マネタリーベースが、年間約60兆～70兆円に相当するペースで増加するよう金融調整を行なう」としました。

マネタリーベースは、4月以降急増しました。これは、異次元金融緩和が導入され、日銀が民間の銀行から巨額の国債購入を始めたことの直接の結果です（日銀が国債を購入した代金は、金融機関が日銀に保有する当座預金に振り込まれます。当座預金はマネタリーベースの一種なので、マネタリーベースが増えます）。

（注）「マネーストック」とは、現金通貨と預金通貨の残高の合計です。ここにどのような金融商品を含めるかは、一義的に決まっているわけではありません。対象とされる金融機関の差などにより、「M1」「M2」「M3」などの指標が区別されています。
「マネタリーベース」とは、流通現金（「日本銀行券発行高」＋「貨幣流通高」）と「日銀当座預金」の合計値です。

マネーストックは増えなかった

しかし、マネーストックはほとんど増えなかったのです。

金融緩和に関する教科書的な説明によれば、マネタリーベースが増加すると、信用創造メカニズムが生じ、マネタリーベース増加の数倍規模のマネーストック増加が起こるはずです。

ところが、そのようなことは、実際には生じなかったのです。

この状況を具体的に見ると、図表8-1のとおりです。

図表8-1　「マネタリーベース」と「マネーストック」の推移

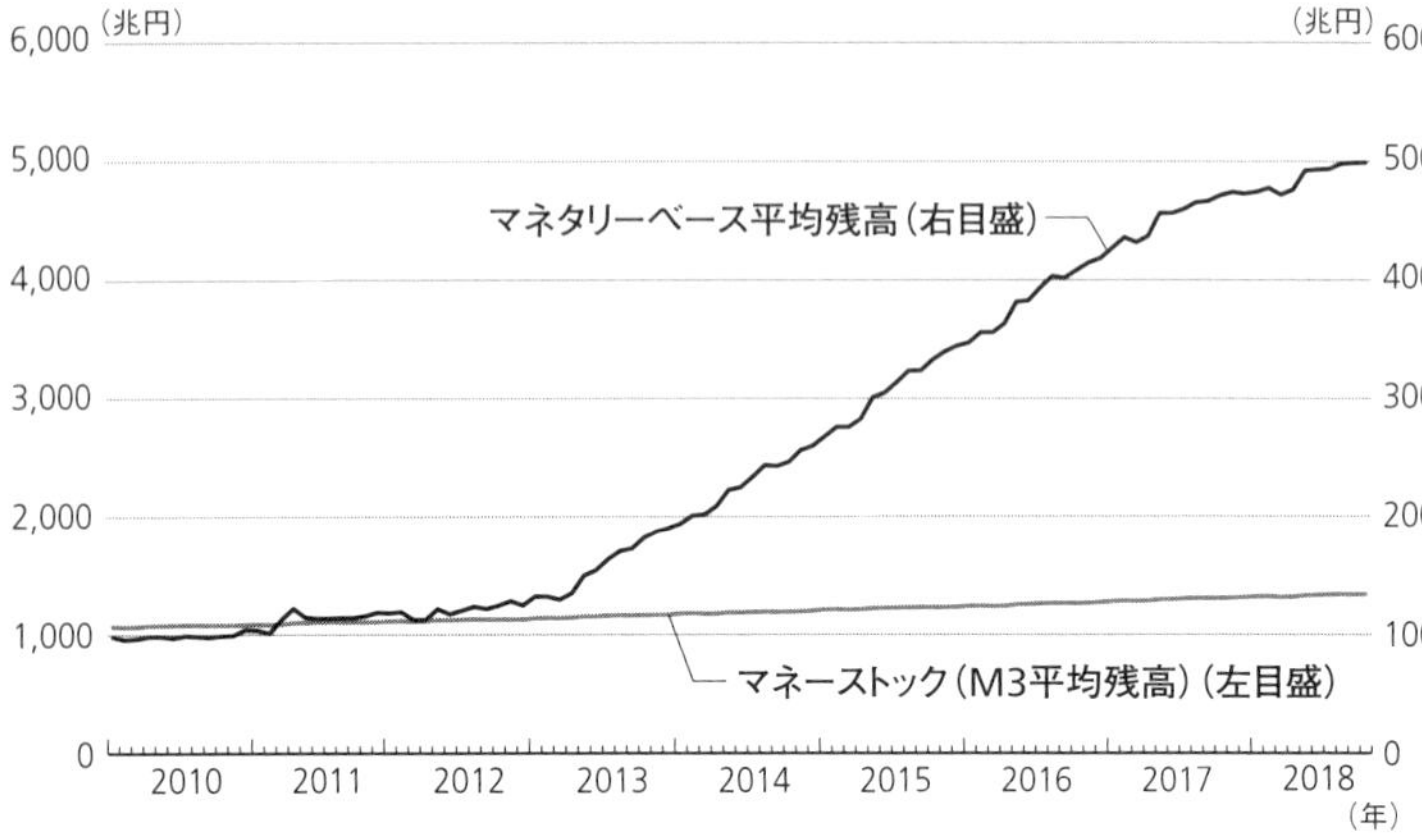

資料：日本銀行

この状態は、「空回り」と表現できるでしょう。では、なぜマネーストックが増えなかったのでしょうか？

従来の議論は、資金需要が十分あることを前提にするものです。こうした条件下では、銀行は貸し出しを増やします。しかし、現在の日本では資金需要がないので、そうならないのです。

これは、つぎのように喩《たと》えられるでしょう。犬にリードをつけて公園を散歩しているとしましょう。犬に元気があって走り出そうとするとき、リードを引いて止めることはできます。しかし、疲れた犬が座り込んでしまったら、リードを押して、犬を動かすことはできません。

金融政策もこれと同じです。経済に元気があり資金需要があれば、金融政策で投資などの支出をコントロールすることができます。

しかし、経済に元気がなく資金需要がないとき、いくら金融を緩和しても支出を増やすことはできないのです。

金融政策で「引く」ことはできますが、「押す」ことはできません。したがって、マネタリーベースを増やしても、借り入れ需要がない経済では、マネーストックは増えないのです。マネタリーベースが顕著に増加したのに、マネーストックがほとんど増加しなかったのは、このためです。

ところで、こうなるのは、最初から分かっていたことです。日銀は2001年から量的緩和政策を進めたのですが、このときにもマネーストックは増えませんでした（拙著『金融緩和で日本は破綻する』ダイヤモンド社、2013年参照）。

円安はアベノミクスで生じたのではない

2012年の秋頃から、顕著な円安が生じたのは事実です。これによって、輸出企業の利益が増加し、このために株価が上昇したのも事実です（これについては、本章の3で述べます）。

しかし、円安は、日本の金融緩和政策の結果として生じたものではなく、ユーロ危機の沈静化による国際的な投資資金の流れの変化（その中には投機的なものも多く含まれていたと考えられます）によってもたらされたものです。

これについて、以下に見ましょう。第7章の4で述べたように、11年頃には、ユーロ危機の影響で、ユーロ圏から短期資金が大量に日本に流入して円高が加速しました。これは「リスクオフ」と呼ばれた危険回避行動です。

ところが、12年の夏から秋にかけて、ユーロ危機が沈静化しました。このため、それまで日本などの「安全国」（セイフヘイブン）に逃避していた資金がユーロに回帰。これがユーロ高をもたらし、さらにドルに対しても円安をもたらしたのです。

円ユーロレートの推移を見ると、12年7月には1ユーロ＝100円程度だったのですが、8月頃から円安が始まり、13年1月中旬には120円、4月初めには130円程度の円安になりました。

ユーロに対する円安の進行は、ドルに対する円安進行以前の時期に始まっていることに注意が必要です。また、ユーロに対する減価率は、ドルに対する減価率より大きいことにも注意が必要です。これらは、ユーロ圏における情勢の変化が円安を引き起こしたことを示しています。

そして、これは、安倍晋三内閣の発足（12年12月）より前に生じた変化であることに注意が必要です。つまり、円安は、日本の政策で生じたことではなく、海外の状況の変化で生じたものなのです。

トランプ氏当選で円安に

その後も円安が続きました。円ドルレートは、２０１４年２月頃から１ドル＝１０１〜１０２円程度の範囲で安定的だったのですが、14年８月下旬から円安が進み、12月下旬には１２０円程度となりました。

為替レートは、それ以降は円高になりました。これは、アメリカの金融正常化に伴って新興国から資金が流出し、それがセイフヘイブンと見なされている日本に流入したためです。

ところが、16年11月にアメリカ大統領選挙でドナルド・トランプ氏が勝利した結果、アメリカ金利が上昇し、これによって再び円安が進行しました。このように、為替レートは、日本の経済政策によってではなく、海外の状況の変化によって大きく変わってしまうのです。

2　追加緩和・マイナス金利導入も効果なし

原油価格の下落に対抗して追加緩和

日本銀行は２０１４年10月末に追加金融緩和を行ないました。この内容は、つぎのとおりです。

（1）マネタリーベース増加額を拡大し、年間約80兆円とする。

（2）長期国債の保有残高が年間約80兆円のペースで増加するよう買い入れを行なう。買い入れの平均残存期間を7〜10年程度に延長する。

（3）ETF（上場投資信託）について、保有残高が年間約3兆円で増加するよう買い入れを行なう。

追加緩和の理由として日銀が説明したことを分かりやすく言えば、「原油価格が下落すると日銀のインフレ目標が達成できなくなるので、それを打ち消すような期待を形成するため、追加緩和をする」ということです。つまり、「(少なくとも短期的に見れば)原油価格下落は望ましくない現象だから、それへの対抗措置を取る」ということです。

しかし、原油価格下落は、追加緩和措置を取って対抗しなければならないほどの「凶事」ではないはずです。ここに、物価上昇率の引き上げを目標としている日銀金融政策の問題点がはっきりと現れています。

金融政策の客観的な評価が必要

日本銀行は、２０１６年9月に「総括検証」を行ない、それまでの金融政策の効果を検証しました。

しかし、その内容は、「原油価格が下落したために、インフレ率を引き上げることができなかった」というような言い訳に過ぎませんでした。それまでも揺らいでいた日銀に対する信頼は、これによって完全に失われたと言うことができます。重要なのは、これまでの金融政策を客観的に評価することでした。

第1は、物価目標に関してです。目標が適切なものとして受け入れられるかどうかは別として(私は、日銀の言うこととは逆に、物価を下げて実質消費を増やすことが必要だと考えています)、13年4月に約束した2%インフレ目標を実現できなかったことは、間違いありません。

つまり、簡単に言えば、異次元金融緩和政策は失敗したのです。

このとき日銀は、物価上昇目標が達成できなかったのは原油価格が下落したからだと説明したのですが、それは結局のところ、日本経済が「あなた任せ」であることを認めたことに他なりません。日本の場合、物価は為替レートと原油価格で、ほとんど決まってしまうのです。

すでに述べたように、金融政策が効果を発揮するためには、マネーストックが変化しなければなりません。物価上昇についてもそうです、物価とマネーストックの間にいかなる関係を想定するにせよ、マネーストックが変化しなければ、話になりません。異次元緩和政策が効果を発揮できなかったのは、マネーストックがほとんど増えなかったからです。

なぜマネーストックが増えなかったのかを明らかにすることこそ、最も重要な検証課題だったはずです。

異次元緩和政策の効果であるように見えたものは、円安による効果に過ぎなかったのです。そして、すでに述べたように、円安は、日本の金融緩和によって実現したのではなく、ヨーロッパにおけるユーロ危機が収束したために起こったことです。

マイナス金利で経済は活性化できない

金融緩和政策が効かないのは、資金需要がないためだと述べました。金利が非常に低い水準に落ち込んでしまうと、いくら金融緩和政策を行なっても、資金需要を増やすことはできなくなります。

経済が拡張しているときには、利子率を上げて貸し出しを抑制することができます。しかし、金利が非常に低い水準に落ち込んでしまうと、（マイナス金利を採用しない限り）金利をそれ以上低くできないので、貸し出しに影響を与えることはできません。

このような状況に対処するため、日本銀行は、２０１６年1月末にマイナス金利を導入しました。

これによって貸し出しが増加することを期待したのですが、そのような効果は生じませんでした。他方で、マイナス金利は、その後、金融機関の収支に深刻な悪影響を与えることになったのです。

金融緩和によって、日本経済を活性化することはできません。経済の構造を改革することが必要なのです。

3　アベノミクスは、経済成長を実現できなかった

営業利益は、為替レートの変動によって振り回されただけ

「アベノミクスは企業の活動を活発化させた」と言われます。しかし、データを見ると、この評価にはいくつかの疑問があります。

第1は、ここ数年間の日本企業の売上高や営業利益は、為替レートの変動によって振り回されてきただけだったということです。

まず、売上高と営業利益の対前年同期比を見ましょう。

図表8-2　売上高と営業利益の対前年同期比

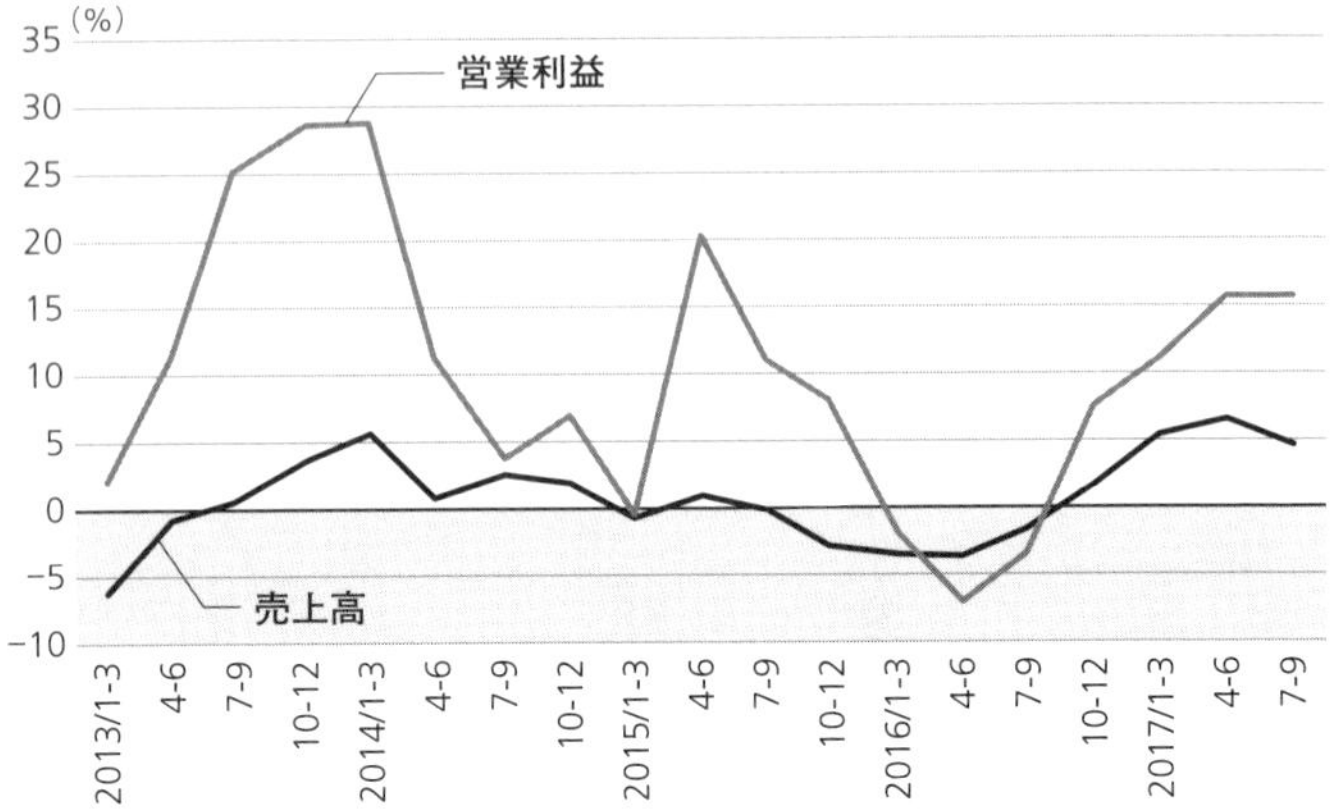

資料:法人企業統計

図表8-2に示すとおり、2013年以降、営業利益が顕著に増加した時期が3回ありました。このいずれの時期にも、株価は顕著に上昇しました。

なぜ営業利益が増えたのでしょうか?

13年後半から14年初めにかけての利益増は、円安によって企業物価が上昇し、売上高が増加したことが原因です。

15年の前半の利益増は、原油価格の下落によって売上原価が低下したことが原因です。

そして、17年の利益増は、16年11月からの円安によって売上高が増加したことが原因です。これは、16年11月以降、ドナルド・トランプ氏がアメリカ大統領に当選し、その政策への期待で急激に円安が進んだためです。

円安が進む間は企業利益が増大しますが、為替

図表8-3　営業利益の推移

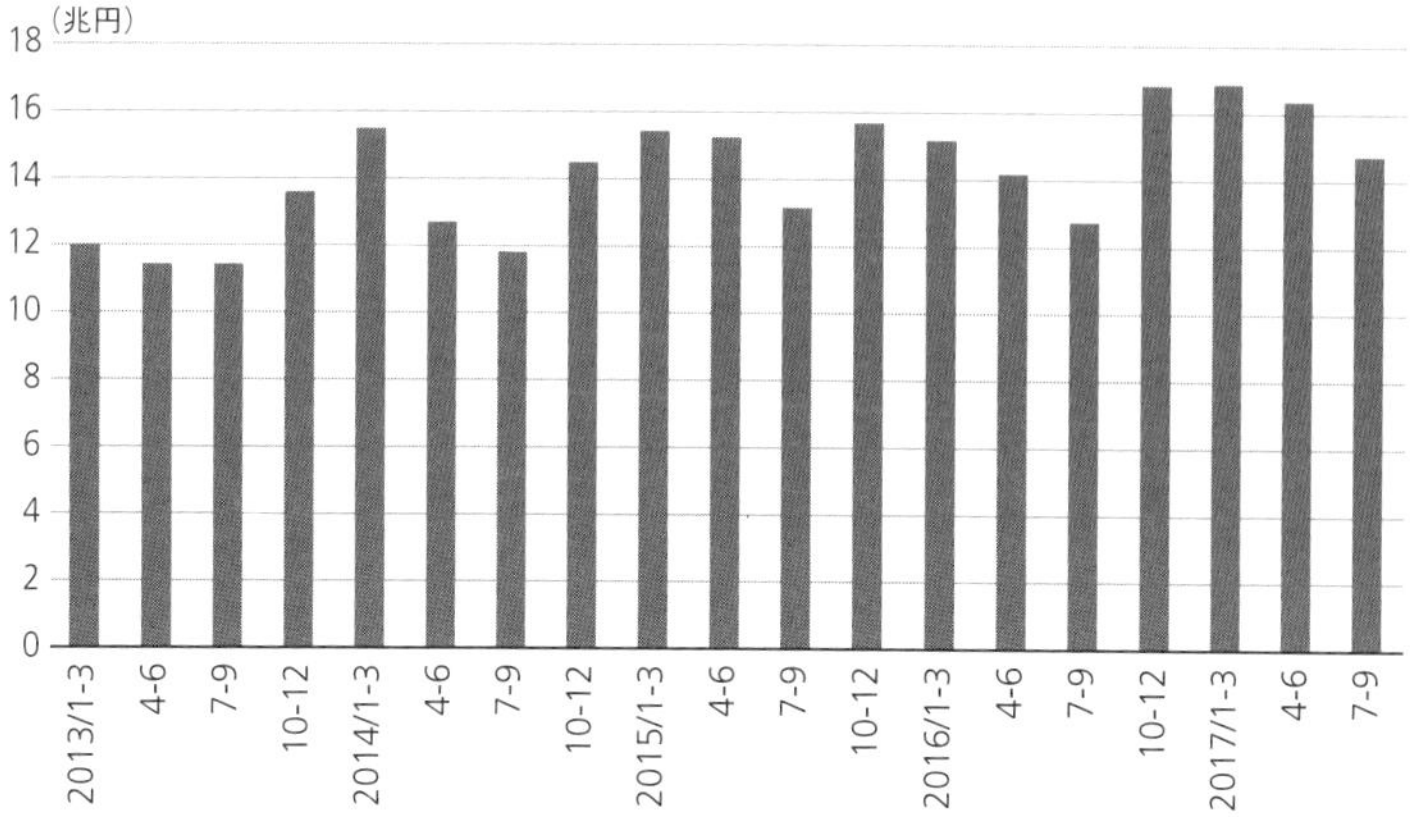

資料：法人企業統計

図表8-4　売上高の推移

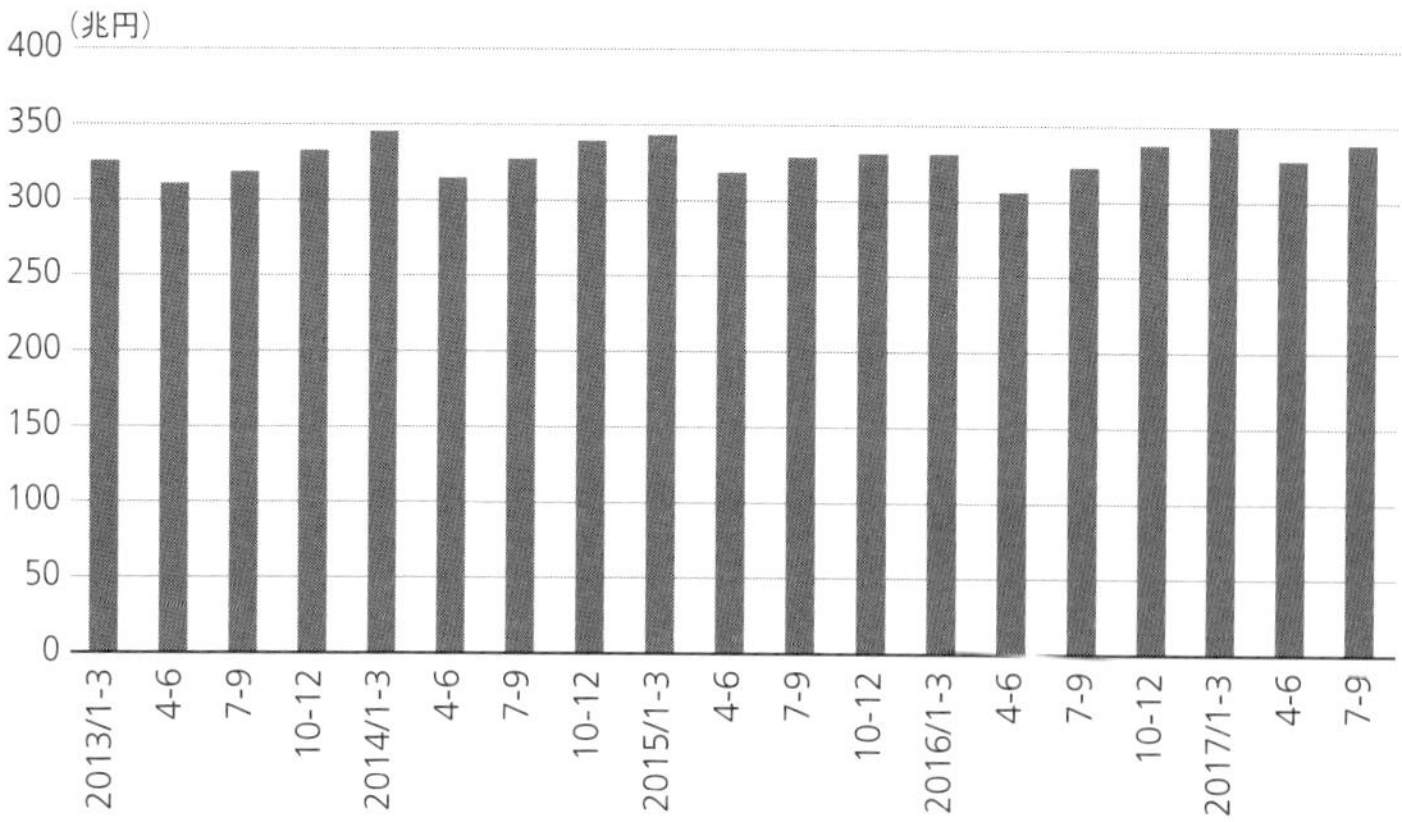

資料：法人企業統計

レートが安定化し、あるいは円高になると、利益は減少してしまうのです。

このように、利益は変動するだけであって、傾向的に増加しているわけではありません。

右に見たのは伸び率ですが、「変動するだけ」ということを確かめるために、実額の推移を見てみましょう。

営業利益の推移を見ると、図表8-3に示すとおりです。変動は大きいのですが、傾向的に増加しているわけではないことが分かります。

売上高で見れば、中期的な停滞傾向は、もっと明らかです。図表8-4に示すように、現在の水準は、2013年初め頃とほとんど変わりません。

賃金は上昇せず、消費は増えず

日本経済が持続的な成長を実現するためには、実質消費が成長する必要があります。では、消費の動向はどうでしょうか？　実質民間最終消費支出（季節調整値、年率）の推移は、図表8-5に示すとおりです。

2014年4月の消費税増税前に駆け込み需要で消費が増え、増税後にその反動で消費が減少したという変動はありました。しかし、中期的に見ると、大きな変化はありません。現在の水準は、異次元金融緩和が始まった13年4～6月期とほとんど同じであり、増加したとは言え

図表8-5　実質民間最終消費支出の推移

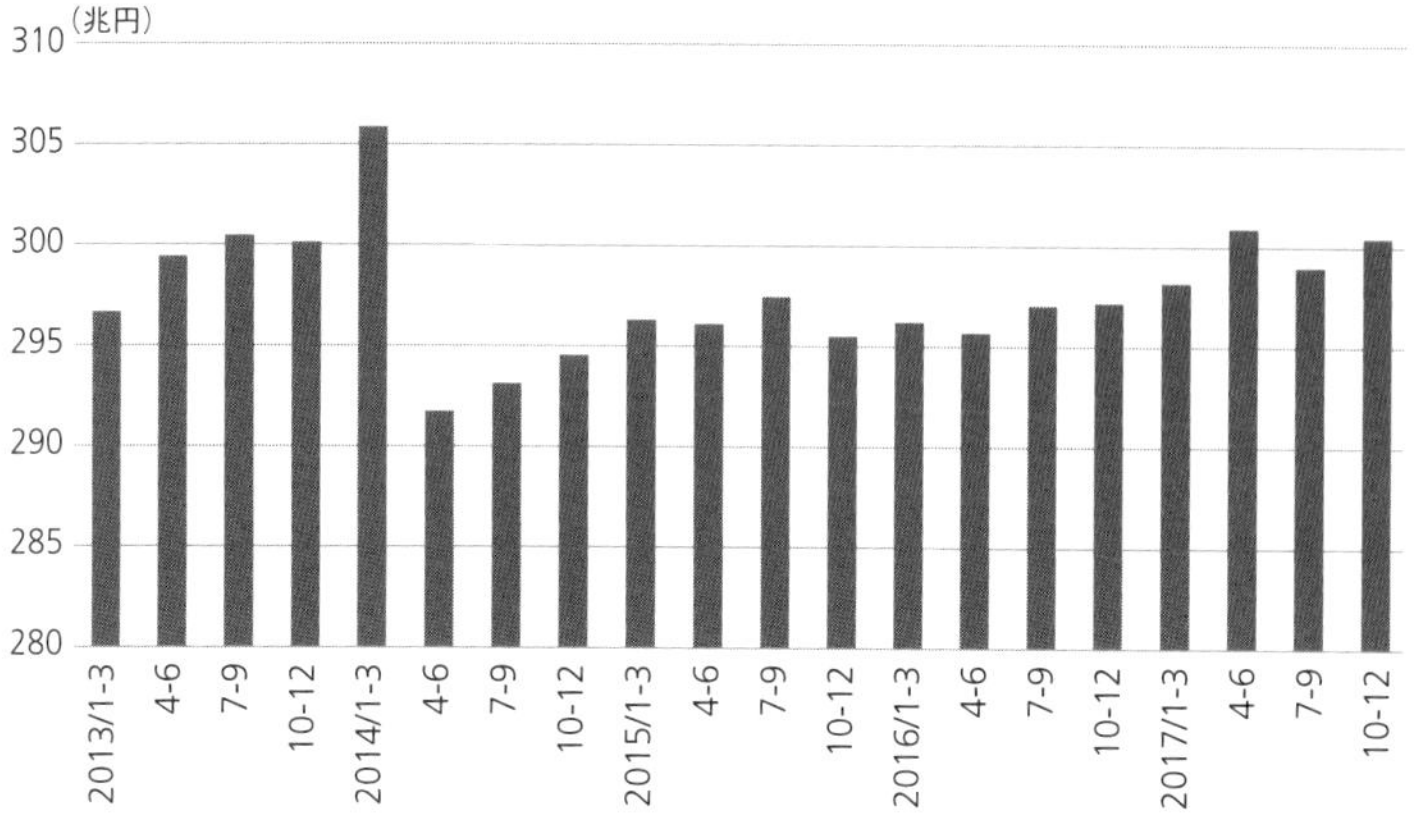

資料：国民経済計算

ません。つまり、アベノミクスは、日本経済を持続的な成長経路に乗せることに失敗したのです。

なぜこうなったのでしょうか？　その理由は、つぎのとおりです。

すでに述べたように、企業利益が増大し、株価が上昇しました。しかし、それは、単に価格が上昇したために生じただけのことであって、量的拡大を伴っていなかったのです。つまり、帳簿上の利益が増えただけです。

このため、賃金は上昇しませんでした。そして、円安で物価が上昇すると、実質賃金は低下します。毎月勤労統計調査によると、17年の実質賃金は16年に比べて0・2％減少しました。こうなったのは、円安が進行する一方で原油価格が上昇に転じたためです。このため、消費が増えることがなかったのです。

つまり、目指すべきは消費主導で成長する経済の構築であるにもかかわらず、現実には、これと逆の事態が進行しているのです。

以上の状況を考慮すれば、物価上昇目標は撤廃すべきです。目標を達成できないから撤廃するのでなく、そもそも金融政策の目標として適切でないからです。そして、それに代わって、実質賃金上昇率を目標とすべきなのです。

日本が抱えている問題は、金融緩和や円安では解決できません。経済構造を変えるしかないのです。とくに、新しい情報技術の活用が必要です。しかし、日本はこの面で大きく遅れています。これについては、第9章で再び論じることとします。

4　金融緩和からの出口は？

世界が金融正常化に向かう中で、日本は緩和を継続

ＦＲＢは金融正常化を進めています。欧州中央銀行（ＥＣＢ）も金融緩和から脱却します。

その中で、日本だけが金融緩和を継続しています。

金融緩和を継続するのは、それが経済を活性化しているからではありません。すでに述べたように、日本企業の売上高や営業利益は、為替レートの変動によって振り回されてきただけなのです。

金融緩和から脱却できない理由の第1は、安倍晋三内閣が金融緩和を表看板にあげているためであり、安倍内閣が続く限りは、金融緩和を続けざるをえないことです。

日銀が金融緩和を停止できない第2の理由は、もっと深刻です。

それは、金融緩和を停止すると、金利が暴騰してしまう危険があることです。

アメリカでは、２０１７年には2％台であった長期金利（10年国債の利回り）が、現在では３％台にまで上昇しています。ところが、日本では、０・０５％程度を中心として、ほとんど変化していません。これは、日本銀行が金利を抑えているからです。

金融緩和を終了するとは、この抑えを外すことです。そうすれば、国際的に見て異常な低金利に抑えられている日本の金利は高騰するでしょう。

金利が高騰すると、経済には大混乱が起きます。ＦＲＢは、これを防ぐため、金融緩和からの脱却を、13年以来、細心の注意で進めてきました。

日本の場合には、つぎに述べるように、とくに困難な課題がいくつかあります。

金利が上がると、日銀に巨額の含み損

日銀保有の国債残高が巨額なので、長期金利が上昇すれば、含み損が発生します。売却すれば、それが現実化します。保有したままであっても、短期金利が上昇すれば、金融機関が日銀に預けている当座預金（日銀預け金）に付利をしなければならなくなり、保有する国債利回りとの逆ザヤで損失が発生します。

では、具体的にどの程度の損失が発生するでしょうか？　それは、国債保有額、償還までの残存期間、そして、金利上昇幅によります。

日本銀行の黒田東彦《はるひこ》総裁は、２０１７年5月10日の衆議院財務金融委員会で、「長期金利が1％上昇した場合、日銀が保有する国債の評価損が23兆円程度に達する」と答弁しました。

金利上昇幅が２％であれば、46兆円ということになります。仮に日銀の目標どおりに消費者物価上昇率が２％に上昇した場合には、短期金利も２％以上になるでしょう。長期金利はそれより高くなるので、３％になる可能性が十分あります。仮に３％だとすれば、保有国債の評価損は、69兆円という驚くべき額になります。

異次元金融緩和政策が開始されたとき、インフレ目標の達成までの期間は、「2年程度で、できるだけ早く」とされていました。だから、保有国債残高がこれだけ積み上がるとは想定していなかったのでしょう。

図表8-6　日銀保有国債の推移

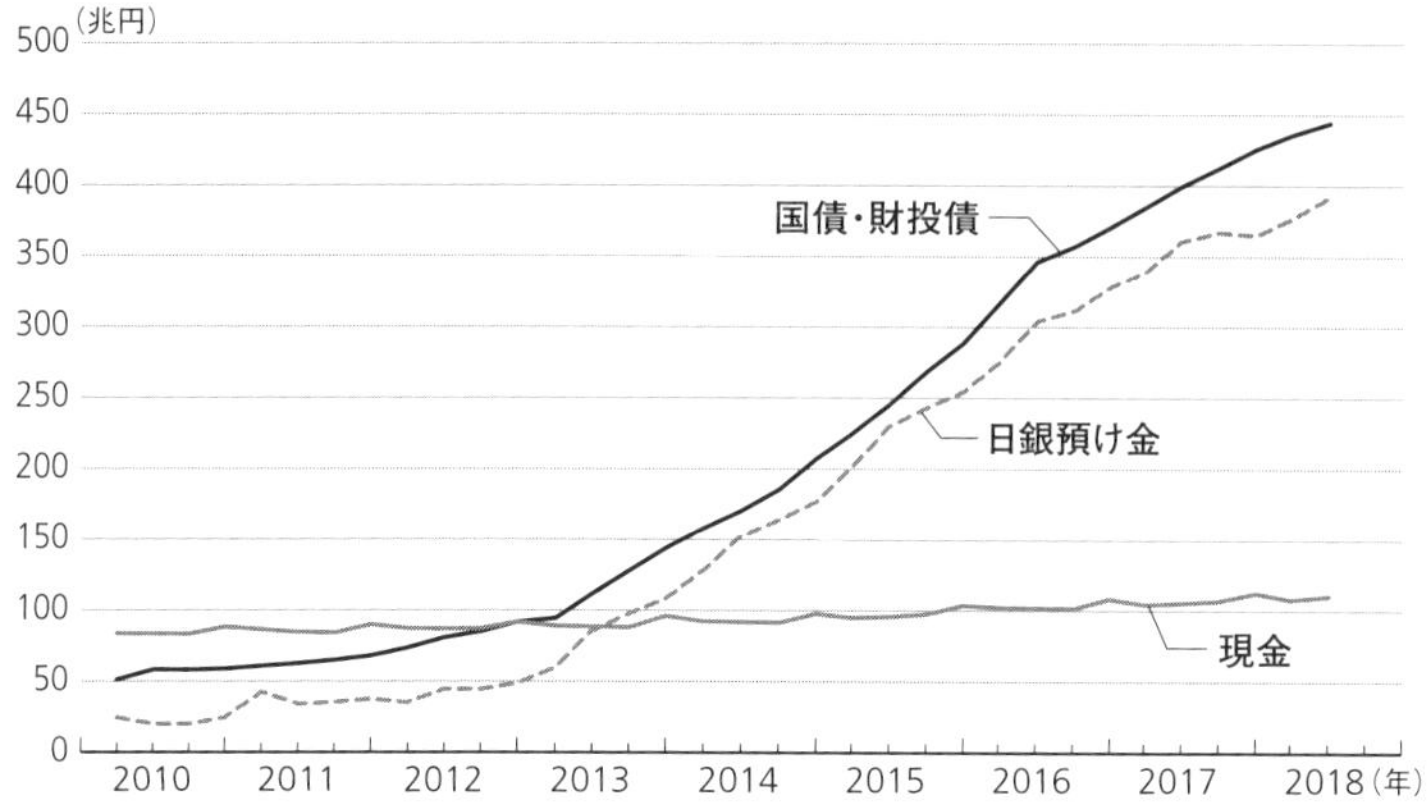

資料：日本銀行

　金融緩和政策からの出口問題が難しくなっているのは、緩和政策が当初の予定を超えて続き、その結果、図表8-6に見られるように、巨額の国債残高が日銀に積み上がってしまったからです。18年8月時点の日銀総資産は５４８兆９４０８億円にのぼり、17年度の名目ＧＤＰの５４８兆６６４８億円を２７６０億円上回るまでになりました。

　ただし、総裁答弁にあるのは評価損ですから、売却しなければ実現しません。国債を保有し続ければ、損失は含み損にとどまります。

国債を保有し続けても、日銀に巨額の損失

　では、保有し続けていれば、問題は生じないのでしょうか？　実は、この場合にも損失が発生するのです。

　なぜなら、当座預金に付利をする必要が生じる

からです。

物価が上昇したとき名目金利を引き上げないと、実質金利がマイナスになります。そうなると、土地などに対する投機を引き起こしてしまうでしょう。だから、仮に物価上昇率が2％になれば、短期金利も最低2％程度に引き上げる必要があります。

ところで、短期金利を2％にするためには、現在行なわれているマイナス金利を解除するだけでなく、超過準備（法定準備金を超える準備金）に相当する当座預金残高に対して最低2％の付利をする必要があります。なぜなら、付利が低いままだと、当座預金が取り崩されて貸し出しに回されてしまい、投機資金を供給することになるからです。

この額は、当座預金残高や必要とされる付利の利率によって異なりますが、いくつかの仮定を置いて計算すると、年間で6兆円程度、現在保有している国債が償還されるまでの合計で数十兆円に及ぶ可能性があります。

右に、「国債の評価損は金利上昇幅が2％であれば46兆円であり、売却すればこれだけの損失が発生する」と述べました。いま示したように、償還まで保有し続けても、ほぼ同額の損失が発生するのです。

金利が上昇すると、財政が破綻する

問題は以上にとどまりません。日本の場合には、財政赤字が大きいので、長期金利が上昇すると、国債の利払い費が増加します。では、具体的にどの程度増加するでしょうか？

市場での国債利回りが上昇しても、国債の利払いには直ちには影響しません。なぜなら、利払いは、クーポンレート（表面利率：額面に対する支払い利子の比率）で決まるからです。利払いが増加するのは、新規発行や借り換えでクーポンレートが高い国債が発行されるからです。したがって、市中金利上昇の影響は、新規発行や借り換えが進むにしたがって、徐々に現れることになります。

借り換えと新規発行と償還が、今後もこれまでと同じようなパタンでなされると仮定して計算すると、新金利適用残高の総残高に占める比率は、5年程度で50％を超えることになるとの結論が得られます。つまり、市中金利上昇の効果は、かなり早期に利払い費に影響を与えるのです。そして9年で、64％となります。

では、国債の利払い費の実額は、どうなるでしょうか？

いま仮に、新規国債と借り換え債の平均利回りが一挙に3％になると仮定しましょう。

その場合には、5年後における利払い費総額は、3倍近くに増加します。

話はこれで終わりません。なぜなら、国債残高が増加していくからです。それに伴って、利払い費は、それ以降も増加を続けます。新金利が3％の場合、5年後の利払い費は、予算総額の3分の1程度になるでしょう。

これは、「悪夢のシナリオ」としか言いようがないものです。

なお、以上のほかに、元本償還のための「債務償還費」もあることを忘れてはなりません。それを加えれば、国債費は、予算総額の半分程度になるのです。こうなっては、予算編成はできなくなります。財政再建ができないどころの話ではありません。これは、財政破綻以外の何物でもありません。

日本の財政は、これまでデフレと低金利によって利払い費を圧縮できたために、かろうじて存続しえました。金利が正常な値に戻れば、利払いだけで到底持たなくなるのです。

5 長岡實氏の思い出

官僚の中立性を守る

2018年4月に、元大蔵事務次官、元東京証券取引所理事長の長岡實《みのる》氏が逝去されました。この方の思い出を記しておきたいと思います。

大蔵省は、昔から政治家の権力闘争からは、一定の距離を置いていました。しかし、１９７０年代の初め頃、それが大きく揺らぎかねない事態が生じました。

当時の自民党の実力者は、田中角栄氏と福田赳夫《たけお》氏。大蔵省では、主計局長　橋口収氏と主税局長　高木文雄氏が、つぎの大蔵次官をうかがう立場にいました。橋口氏は福田派、高木氏は田中派。結局は高木氏が次官になったのですが、省内に田中派と福田派ができてしまうおそれがありました。そうなれば、大蔵省が政治家によって支配されてしまいます。

高木氏のあとをついで75年に大蔵次官になった竹内道雄氏と長岡官房長のコンビ、いわゆる「竹内―長岡ライン」によって、派閥排除に向けての努力がなされました。この努力は成功し、その後大蔵省が政治家の権力闘争に巻き込まれることはなくなったと言われます。

部下の信頼を獲得できたリーダー

長岡氏は、１９７９年に大蔵事務次官に就任。その後も、「大蔵省のドン」と呼ばれました（ご本人はこのように呼ばれることを嫌っていたそうです）。

どのような名称が適切かは別として、氏が理想的なトップであったことは間違いありません（次官は名前が示すとおり組織のトップではありませんが、事実上のトップです）。

組織のリーダーに求められる資質とは何でしょう？

判断が正しいことや、先を見通す力があることは、もちろん必要です。しかし、スタッフとしての参謀ならそれでよいでしょうが、ラインのトップは、それだけでは不十分です。それに加えて何かが必要です。

それは部下の信頼を獲得することです。「この人についていけば間違いない」という信頼。「その人に評価してもらいたい」という願望。「そのためには何を犠牲にしてもよい」というほどの信頼です。

長岡氏は、間違いなく、そのような力を持つリーダーでした。強い組織とは、そうしたリーダーを抱く組織です。官庁であれば、いかに強大な権限を持っていても、そうしたリーダーがいなければ、何かのきっかけで瓦解します。

この数年、さまざまな官庁や大企業の不祥事が目立ちます。それらの組織のトップは、右の条件を欠いているように見えます。

そうしたトップの下で働く人々は、さぞや大変なことでしょう。日本はなんという社会になってしまったことかと、慨嘆《がいたん》せざるをえません。

70年代に、中期財政計画の試案作りを命じられる

長岡氏は、かつて、私の上司でした。1973年、長岡氏は大蔵省主計局次長、私は証券局

から異動してきた主計局調査課の課長補佐でした。

この年は、福祉元年と言われた年です。順調な税収の伸びを背景として、社会保障政策の大拡張が行なわれました。しかし、社会保障経費は将来の財政にとって大きな負担になると、長岡氏はそのときすでに見通していました。そこで、社会保障経費をコントロールするために財政計画を作る必要があるとして、その試案の作成を私に命じたのです。西ドイツの中期財政計画を学び、それにならって日本での中期財政計画の試案を作るということです。ボンの日本大使館に依頼して資料を集め始めました。

他方で、私はアメリカの国防予算でロバート・マクナマラ国防長官がシステム分析の手法を活用したＰＰＢＳ（planning-programming-budgeting system）という新しい予算編成方式を始めたことに、数年前から強い関心を抱いていました。

その方式をなんとか日本の予算編成に導入できないか？　中期財政計画とＰＰＢＳを合体した新しい予算編成を導入できれば素晴らしい！

（余談ですが、そのときから10年くらい後に、私はある大きな会議でマクナマラ氏と同席する機会があり、「あなたをつねづね尊敬していました」と話しかけることができました）

こうして、主計局に新しいプロジェクトが立ち上がろうとしていました。しかし、その年にオイルショックが勃発して、日本中が大混乱に陥ったのです。

大蔵省では、予算編成がかなり進んだ段階になってから、積極財政から総需要抑制予算への大転換が行なわれました。中期財政計画やPPBSどころではなくなり、日本で財政計画を作るという構想は、頓挫《とんざ》してしまいました。大変残念なことです。

もしこのときに社会保障支出の増加をコントロールできる仕組みが導入されていたら、日本財政のその後は、大きく違う姿になっていたでしょう。

いまに至るまで、日本の財政運営は、単年度主義（会計年度ごとに予算を編成すべきであるとする考え方）から脱却できません。「中長期の経済財政に関する試算」というものが公表されていますが、経費の詳しい内容に踏み込んだものではなく、経費をコントロールする手段にはなっていないのです。今後ますます深刻化する高齢化の影響を考えると、暗澹《あんたん》たる気持ちにならざるをえません。

長岡氏は、予算編成事務の合理化に関しても強い関心を持っており、予算編成作業のコンピュータ化を進めようとしました。予算編成作業では、「単価を変えたら予算額がいくら変わる」というような計算が多く、当時はそれを算盤《そろばん》や手回し計算機で行なっていたのです。

その頃開始された日経NEEDSというオンライン・タイムシェアリング・サービスの導入を願い出たところ、長岡次長の裁断で即座に実現できました。

やっと宿題を果たせた

ところで、主計局で1年過ごした後、私は大学に行きたいと長岡次長に申し出ました。普通の上司であれば、部下が組織を去るのは、自分の失点につながるので反対します。ところが、長岡次長の場合、そのようなことはまったくなく、快く許可してくれました。そして、「大学に行くのは大変良いことだ。ただし、あと1年間、主査として予算査定作業をやったらどうか？　その経験によって見方が広がり、今後の仕事に大いに役立つだろう」と忠告してくれました。

このアドバイスに私は従わなかったため、ずっと心残りでしたが、2015年に刊行した『戦後経済史』（東洋経済新報社）をお送りして、「ここまで来られたのも長岡先輩のご指導の御蔭《おかげ》です」と書いたところ、「私の指導のためではない。君の努力の成果だ」という書状をいただいたのです。それを読んで私は、「やっと宿題を果たした」という気持ちになれました。

長岡氏の周りの人々

長岡氏の大蔵省同期の友人として親交があったのは、平岡氏でした。それについて、話を何度かうかがったことがあります。

入省直後、平岡氏の配属先は銀行局。「救国貯蓄運動」の大会での大蔵大臣挨拶の原稿作成を命じられ、「私のようなつまらない者が、笠置シヅ子さんのように面白い方の後でつまらないことを話すのは誠に気が引けるのですが……」という原稿を書いて、愛知揆一《あいちきいち》銀行局長を仰天させたそうです。

平岡氏とは平岡公威《きみたけ》氏、つまり、後の三島由紀夫です。長岡氏と三島由紀夫氏は、その後も親交を続けていたそうです。

余談ですが、私は、大蔵省理財局にいたとき、昔の決裁文書を倉庫で探していて、「起案者平岡公威」と達筆で書かれた決裁文書を見つけたことがあります。ですから、私と三島由紀夫も、まったく無関係というわけではありません。

長岡氏と一高同期の三重野康氏は、日本銀行総裁として1980年代後半のバブルの退治に大ナタを振るった人で、「平成の鬼平」と言われました。長岡氏とは互いに深く尊敬する間柄にあったそうです。

長岡氏と深い関係にあったのが、先ほど述べた竹内道雄氏です。竹内氏は、私が大蔵省に入省して最初に配属された理財局での上司です。私は同局総務課にいたのですが、竹内氏は同じ頃に前任地のベルギーから、同局地方資金課長に赴任してきました。

この仕事は彼には物足りなかったのでしょう。いつも机の上に足を投げ出して昼寝していました。その姿を、いまでもよく覚えています。この人ほど頭がよい人を、私は見たことがありません。私は、異星人ではないかと思っていました。

いたずら好きは有名で、数々の逸話があり、犠牲者は数知れず。私も、そのうちいくつかを目撃したり、秘書のHさんから聞いたことがあります。

最大傑作は、「いたずら電話事件」です。大蔵省の悪友と飲んでいたとき、同期の一人の自宅に電話をかけ、「こちらは麻布電話局ですが、これから電話線のテストを行ないますので、鍋を叩《たた》いて大きな音を出してください」と言ったのだそうです。

本当だと思った奥さんが、指示どおりに鍋を叩いて深夜の公務員住宅に大音響を響かせたので、友人たちは大喜び。図に乗ってつぎに言ったのは、「電話線にゴミが詰まっているらしく、よく聞こえません。これから電話線の清掃のため、局から圧搾空気を送ります。ゴミが飛び散らないように、受話器を布でしっかり覆ってください」。

つぎの日に悪友の一人が現地に赴き、確かに布が巻いてあるのを確かめたということです。念のため、これは伝説です。竹内氏自らが日本経済新聞の「あすへの話題」(78年9月22日夕刊)に書いているところでは、「鍋のすぐ後に電話をかけて、ご夫妻にお詫びした」ということです。そうであれば、圧搾空気の話は(だけは!)創作ということになります。

竹内道雄氏は、府立一中(現、都立日比谷高校)で長岡氏の上級生でした。氏は、中学生であるにもかかわらず、なんと女性問題で停学となっていました。復学の日、朝礼で生徒たちは校庭に整列しており、級長の長岡氏が列の先頭に立っています。遅刻して登校してきた竹内氏は、長岡氏の前を通るとき「坊や、元気かい？」と声をかけて、列の最後に並んだという伝説があります。

竹内氏は、東大（東京帝大）時代はボート部。長岡氏も名コックス。その関係で大蔵省にスカウトされたと言われているのですが、そんな縁がなくても、長岡氏は大蔵省に入り、主計局長になって、事務次官になったことでしょう。

第9章

日本が将来に向かってなすべきこと

1　日本が直面する問題は「デフレからの脱却」ではない

悪化した日本経済のパフォーマンス

１９９０年代以降の日本の経済パフォーマンスの悪化は、株価、企業売上高、賃金、実質為替レート等、さまざまなデータで裏づけることができます。

図表１-３で見たように、実質ＧＤＰは、90年代以降、ほとんど増加していません。実質経済成長率も、図表２-１に示したように、90年代以降は２％前後あるいはそれ未満の年が続いています。

図表１-２に示した法人企業売上高も、同じような傾向です。80年代までは急速に増加したのですが、90年代以降はほとんど停滞しています。若干増加したのは、２００４〜07年頃と最近だけで、いずれも円安期です。

営業利益も同様の傾向を示しており、その結果として、株価も低下してきました。これは、図表１-１で見たとおりです。日本企業は、円安で円表示の売り上げが増加する場合だけは見かけ上利益が増えるけれども、そうでなければ停滞という状態になっているのです。

図表9-1　従業員給与の推移

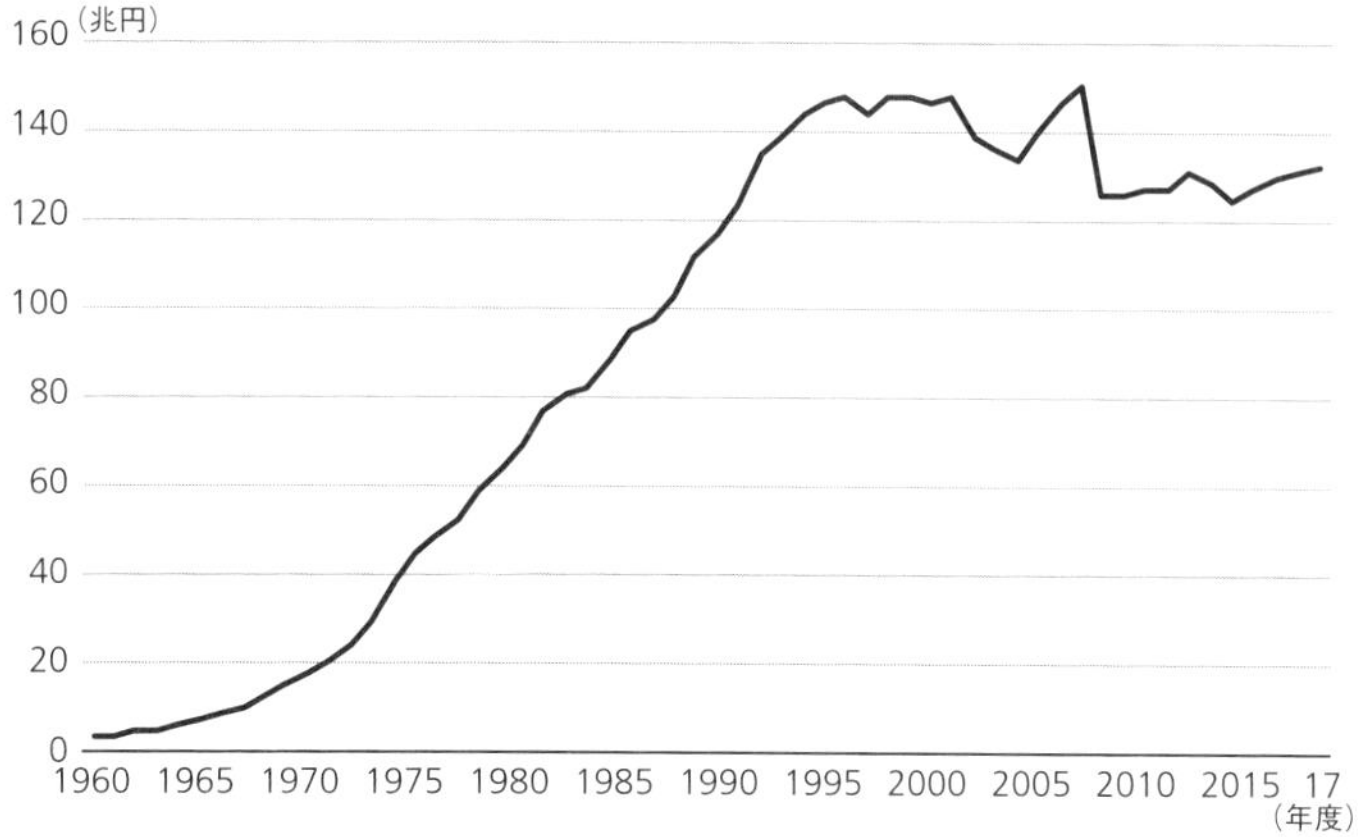

資料:法人企業統計
注:全産業、全規模

図表9-1に示す従業員給与の動向も同様です。80年代までは増え続けましたが、それ以降は傾向的に低下を続けています。04~07年頃に一時的に増えただけです。

もう一つ注目すべきは、為替レートです。名目の為替レートではなく、国の物価上昇率の差を調整した実質実効為替レート指数を見ると、図表1-5に示したように、90年代中頃に140前後のピークをつけ、それ以降は傾向的に低下しています。世界における日本人の購買力は、著しく低下したわけです。

デフレのためでなく、変化に対応しなかったために衰退した

このように多くの経済指標が、1990年代以降、悪化傾向を続けています。

このため、「日本は衰退しつつあるのではないか」という危惧を、多くの日本人が持つようになりました。

では、経済停滞の原因は何なのでしょうか？

しばしば「デフレのためだ」と言われます。第1章で見たように、90年代においても、「地価や株価が下がったために不良債権問題が生じ、それが金融システムを麻痺させて日本経済を機能不全にした」という考えが影響力を持ちました。「日本の衰退の原因は物価の下落だから、金融を緩和して物価を引き上げれば解決する」という考え方は、いまに至るまで強く唱えられており、それが金融政策の基本的な方向となっています。

しかし、これまでの各章で見てきたように、日本経済が抱えている問題は、そうしたものではなかったのです。

物価上昇率が低くなったことが問題だったのではなく、日本の産業構造や経済体制が時代の新しい条件に適合しなかったことが、日本経済の不調の基本的な原因だったのです。

世界で大きな変化が起きたにもかかわらず、それに対応しようとしなかったことが問題なのです。

日本が直面する3つの課題

日本経済の不調が構造的な問題であるのなら、私たちが主体的に対応して、自分たちを変えていくことによってしか解決できません。

平成後の日本の課題は、平成時代に失われた30年間を取り戻すことです。

過去の遅れを取り戻すのは、不可能なことではありません。事実、中国は、過去数百年間の遅れを、いま急速に取り戻そうとしています。

将来の日本が対処し解決しなければならない課題は、つぎの3つです。

第1は、人口の高齢化によってもたらされる問題に対処すること。とりわけ、労働力不足の問題と、将来の社会保障支出の問題に対処することです。

第2は、変化する世界の条件、とくに中国の急速な成長に対処することです。

第3は、改革の遅れを取り戻すことです。とりわけ、企業のビジネスモデルを転換させ、生産性の高い新しい産業を作り出すことです。

2　労働力不足に対処する必要がある

若年者が減って、高齢者が増える

日本の将来を考える上で最も重要な基礎データは、図表9-2に示す将来人口推計です。これを見るだけで、日本社会が大きな問題を抱えているのが分かります。ここには、日本の未来像が凝縮されています。

第1に、15~64歳の人口が減ります。2015年と40年を比べると、1750万人の減。率では22・7%減です。しかも、そこで止まらず、40年以降も減り続けます。

第2に、高齢者人口が増加します。65歳以上人口は、15年と40年を比べると530万人の増。率では15・8%増加します。65~69歳人口は、40年頃以降は減少しますが、70歳以上の人口は、その後も増加し続けます。

そして、40年においては、15~64歳人口は約6000万人であるのに対して、65歳以上人口は約4000万人になります。このことが、労働力や社会保障の上で大きな問題をもたらすと考えられます。

図表9-2　年齢階層別人口の推移

（単位：万人）

年	15〜64歳	65〜69歳	70歳以上	15歳以上
2015	7,728	976	2,411	11,115
2020	7,406	824	2,795	11,025
2040	5,978	952	2,969	9,898
2060	4,793	374	3,166	8,333

資料：国立社会保障・人口問題研究所

出生率引き上げは解にならない

こうした問題に対処するために、出生率を引き上げるべきだとする考えがあります。しかし、出生数が実際に増加すれば、今後かなりの期間にわたって、従属人口（14歳までの年少人口と65歳以上の人口を合計した人口）が増えて、経済を圧迫します。出生率の引き上げは、遅くとも20年前に行なうべき政策でした。

人口が高齢化することは、1980年代から分かっていたことです。しかし、それは遠い将来のことだろうと考えられて、それに対して真剣な対策は何もなされてこなかったのです。

根本的な対策がなされていないのは、いまでも基本的に変わりません。

例えば、消費税率の引き上げは、将来増加する社会保障支出を賄うために不可欠なものですが、税率引き上げが決められたにもかかわらず、2回も延期され、いまでも強い反対論があります。

2019年は公的年金の長期的な見通しを示す「財政検証」が

見直される年です。右に見たような構造変化に対応できる年金制度が考えられなければなりません。

しかし、社会保障の長期見通しについての本格的な議論は、行なわれていないのです。

また、深刻な労働力不足に対応するには移民を大幅に増加させることが必要ですが、社会秩序を乱すといった反対論がほとんどです。そして、以下で見るように、なし崩し的に外国人労働者を増やす方策が取られています。これについても、基本に遡っての議論が必要です。

労働力人口は現在より3000万人近く減少する

高齢化が引き起こす第1の問題は、労働力人口の減少です。なぜなら、図表9-3に示すように、高齢者の労働力率（人口に対する労働力人口の比率）は、15～64歳の労働力率に比べて低いからです。

最初に、全体のおおよその姿を摑《つか》んでおきましょう。

図表9-2に示したように、2015年から40年までに、15～64歳人口が約1750万人減ります。したがって、仮にこの年齢階層の労働力率が図表9-3に示すように現状の76・1％のままで変わらないとすれば、図表9-4に示すように、労働力人口は1300万人強減るでしょう。

図表9-3　年齢階層別の人口、労働力人口、労働力率（男女計、2015年）

	15〜64歳	65〜69歳	70歳以上	65歳以上	
人口	7,728	976	2,411	3,387	（単位：万人）
労働力人口	5,878	413	334	746	（単位：万人）
労働力率	76.1	42.8	13.9	22.0	（単位：%）

資料：国立社会保障・人口問題研究所、労働力調査

図表9-4　将来の労働力人口（年齢階層別労働力率不変の場合）

（単位：万人）

年	15〜64歳	65〜69歳	70歳以上	計	2015年からの変化	15歳以上労働力率（%）
2015	5,878	413	334	6,625		59.6
2020	5,633	352	388	6,373	-252	57.8
2040	4,547	388	412	5,347	-1,278	54.0
2060	3,645	245	440	4,330	-2,295	52.0

注：著者推計

60年までには、15〜64歳人口が約2900万人減り、したがって、労働力人口は約2200万人減ります。これに対処するのはきわめて困難です。

15年における製造業の就業者が約1000万人であることと比較すると、これがきわめて大きな変化であることが分かります。

これまでの日本では、「雇用の確保」が経済政策の重要な目的でした。しかし、今後は「人手の確保」のほうが重要な課題になります。

人口全体が減少するのだから、労働力人口の絶対数が減少しても大きな問題にはならないと考えるかもしれません。しかし、そうではありません。

なぜなら、図表9―4に見るように、労働力率も低下するからです。

他方で、労働力に対する需要は増加します。とくに、医療介護の分野では、高齢者人口の増加に伴って労働力に対する需要が増加するでしょう。

したがって、いまのままでは、労働の需給が著しくタイトになり、将来の日本は深刻な労働力不足経済に突入することになります。

15〜64歳の人口の減少によって労働供給が減少することを考えると、医療・介護部門の就業者の総就業者中に占める比率が、25％程度まで膨れ上がる可能性があります（詳細は拙著『1500万人の働き手が消える2040年問題』ダイヤモンド社、2015年を参照）。これは、とても維持することができない異常な姿です。

高齢者の就労促進

将来における労働力需給逼迫に対処するために、まず、高齢者の労働力率を高めることが考えられます。

65歳以上人口は、現在約3400万人です（図表9―2）。それが、2040年には約4000万人になります。

ところで、この階層の労働力率は、いまは約22％です（図表9―3）。これを約10％引き上げることができれば、40年における労働力は、図表9－4で示したものよりは、400万人程度増えることになるでしょう。

このことをより正確に評価するため、図表9－2、9－3の計数を用い、高齢者の労働力率としていくつかの値を想定して、シミュレーション計算を行なってみると、つぎのような結論が得られます。

(1) 65歳以上の労働力率を5割引き上げ

まず、65歳以上の労働力率を5割引き上げて、65～69歳は64・1%、70歳以上は20・8%になる場合を考えます。

すると、労働力率不変の場合（図表9－4）に比べて、労働力人口は、2040年、60年で400万人程度増えます。しかし、そうであっても、15年と比べた労働力人口は、40年には約880万人減少、60年には約2000万人減少となります。また、経済全体の労働力率も、40年に58・1%、60年に56・1%となって、現在よりかなり低下します。

(2) 労働力率を6割に保てるように、高齢者の労働化率を引き上げ

つぎに、経済全体の労働力率を約6割に保てるように、高齢者の労働化率を引き上げる場合

を考えます。

これは、65～69歳が現在の15～64歳と同じように働き、70歳以上も約3人に1人が働くというものです。現実にこれを実現するのはかなり難しいでしょうが、経済全体の労働力低下を高齢者の就業促進だけで実現しようとすれば、このようなことが必要になるのです。

この場合には、労働力人口は、2040年、60年で800万人から900万人程度増えます。したがって、労働力不足は、かなりの程度緩和されます。

しかし、それでも、60年で労働力人口が15年より1400万人以上減少することは避けられません。

女性の労働力率を高められれば、労働力が約1000万人増加

労働力不足に対応することが目的であれば、女性の労働力率を高めるほうが効果があります。

2016年における15歳以上の女性の労働力率を見ると、日本は50・3%であり、アメリカが56・8%、スウェーデンが69・7%、ドイツが55・6%などの欧米諸国に比べて、低くなっています。

そこで、女性の15歳以上労働力率を70%に引き上げたものとしましょう。

15歳以上の女性人口はほぼ4000万人～5000万人ですから、これによって労働力人口

は約８００万人〜１０００万人増加するはずです。

人口推計値を用いて正確に計算すると、労働力率が50・３％にとどまる場合との差は、40年において９７５万人、60年において８２１万人となります。

労働力がこれだけ増加すれば、全体の労働力率も上昇します。40年において63・９％、60年において61・８％になります。こうして、経済全体としての労働力率の落ち込みを回避することができるでしょう。

ただし、子育て期の女性の労働力率を高めるには、子育て支援などの政策が必要です。それは、決して容易な課題ではありません。

人材の面で開国する必要がある

以上を考えれば、高齢者と女性の労働力率の引き上げだけに頼るのでなく、それ以外の方策も考えられなければなりません。

第１は、新しい技術（とくにＡＩ＝人工知能）の導入によって新しい産業を興し、経済全体の生産性を高めることです。

第２は、外国人労働者の受け入れです。

第１の方策については、本章の５で検討することとしましょう。ここでは、第２の方策につ

図表9-5　外国人流入者の国際比較（2016年）

国	人口（百万人）	外国人流入者 絶対数	外国人流入者 対人口比（%）
オーストラリア	23.614	218,488	0.925
カナダ	35.497	296,345	0.835
フランス	63.982	240,888	0.376
ドイツ	81.198	1,720,190	2.119
イタリア	60.783	262,929	0.433
日本	127.12	427,585	0.336
韓国	50.424	402,203	0.798
イギリス	64.597	454,000	0.703
アメリカ	319.13	1,183,505	0.371

資料：OECD, Inflows of foreign population by nationality
注：人口は2014年の値。

いて考えます。

まず、外国人流入者の状況がどうなっているかを見ておきましょう。

OECDの「外国人流入者統計」による数字は、図表9-5に示すとおりです。

日本は、2016年で約43万人であり、世界第4位となっています。

15年にこの数字が約30万人となって、韓国を抜いて世界第4位となったことから、「日本にも移民大国時代が到来した」として、話題になりました。そのときより、さらに増えているわけです。

人口に対する比率を見ると、日本は0・3%です。これは、フランス、イタリア、アメリカなどとあまり違わない水準です（なお、ドイツ2・1%、イギリス0・7%、カナダ

0・8％、オーストラリア0・9％、韓国0・8％などは、もっと高い比率になっています）。

ただし、図表9-5に示す数字は、「有効なビザを保有し、90日以上在留予定の外国人」です。これは、かなり広い定義のものであることに注意が必要です。

つまり、図表9-5で見る限り外国からの流入者は増えているのですが、これは一時的な労働者に過ぎないのです。

政府は、外国人労働者の受け入れを拡大するため、18年に出入国管理法を改正しました。これは、外国人労働者に対する政策の大きな転換だと言われました。しかし、ここで考えられているのも、一時的な労働者です。

現在の制度には、多くの問題があることが指摘されています。

安い賃金、劣悪な仕事の環境、高額な紹介料などから、技能実習生の失踪《しっそう》が増えていると報道されています。

また、ゾンビ企業を助けるだけだとか、不法就労の外国人労働者がますます増えるなどの批判もあります。

そもそも、「5年間で帰る。家族を連れてこられない」というような「出稼ぎ労働」しか認めない制度が長続きするはずがないのです。

外国における論評でも、「もはや日本は、働くのにそれほど魅力的な国ではなくなっている」との指摘が見られます。介護は自国内にいても大変な仕事なのだから、外国で働くのはもっと大変だとの指摘もあります。

移民の問題に正面から向き合う必要

以上で見た状況を変えるには、現在のように短期滞在者に頼るのではなく、移民を大幅に増やす必要があります。すでに見たように、日本全体の労働力率を低下させないためには、数百万人の規模の外国人労働者が必要です。つまり、現在の10倍以上が必要です。

しかし、これについての日本政府の対応は及び腰であり、新たな在留資格である特定技能1号、2号を作ることなどで済まそうとしています。しかし、これだけの労働力不足が予測されているにもかかわらず移民を拒絶し続けるのは、およそ現実的な政策とは考えられません。根本的な発想転換が必要です。

では、移民受け入れの現状はどうなっているでしょうか?

OECDの統計で「永住移民の流入」という項目を見ると、図表9-6のとおりです。日本では、2013年における移民は約5・7万人であり、人口の0・05%でしかありません。これは、韓国の0・13%より低い数字です。

それに対して、アメリカでは、約100万人であり、人口の0・31%になります。ヨーロ

図表9-6　永住移民の流入と人口比

国	永住移民 A（人）	人口 B（百万人）	人口比 A/B（%）
オーストラリア	253,492	23.61	1.07
オーストリア	65,022	8.54	0.76
ベルギー	60,303	11.20	0.54
カナダ	258,619	35.50	0.73
デンマーク	52,376	5.63	0.93
フィンランド	23,873	5.45	0.44
フランス	259,833	63.98	0.41
ドイツ	468,823	81.20	0.58
アイルランド	40,200	4.61	0.87
イタリア	245,820	60.78	0.40
日本	57,317	127.12	0.05
韓国	66,688	50.42	0.13
オランダ	105,471	16.87	0.63
ノルウェイ	60,313	5.16	1.17
スペイン	195,288	46.46	0.42
スウェーデン	86,662	9.75	0.89
スイス	136,219	8.14	1.67
イギリス	290,956	64.60	0.45
アメリカ	989,910	319.13	0.31

資料：OECD, Permanent immigrant inflows
注：移民は2013年、人口は2014年。

ッパ諸国では、この比率は0・5%から1%程度です。イギリスは0・45%、ドイツは0・58%、スイスでは、1・67%にもなります。

図表9－5に示した流入者に比べると、日本の場合には10分の1に減ってしまうのです。ヨーロッパ諸国ではあまり違わないので、日本の場合、永住移民がいかに少ないかが分かります。

つまり日本は、外国人を一時的な労働者として活用するだけであり、社会の一員として認めていないのです。永住者の受け入れに関して、日本は世界の標準からまったく隔絶して、それを拒否しているわけです。

しかし、「移民を受け入れるのは嫌だ」と言っているだけでは、将来生じる問題に対しての答えにはなりません。移民として認め、日本の社会に入れることが必要です。選挙権を与え、社会保障を与えることが必要です。それが世界的な常識です。人材の面で日本を開国することが必要なのです。

外国人労働者が増えて、なし崩し的に移民を認めざるをえなくなり、さまざまな摩擦が生ずることのほうがずっと大きな問題です。

日本社会の良い点を守りたいのであれば、移民に日本社会の規律を守らせるべきであって、そのためのさまざまな制度・施策が考えられなければなりません。混乱が生じる可能性に対して、早くから周到な準備をすることが肝要です。社会の構造を変える重要な問題であるからこそ、十分な議論と準備が必要なのです。

3　社会保障費増大にいかに対処するか

社会保障費が増加する

以上では、労働力の需給という観点から、高齢化がもたらす問題を見ました。人口高齢化は、社会保障費の増大という問題をも引き起こします。

社会保障財源の主たる担い手は現役世代ですが、これまで見たように、その総数が減少します。したがって、給付を見直さないと、社会保険料の引き上げや税率の引き上げを通じて、過大な負担を労働年齢人口にかけることになるでしょう。以下では、この問題について見ます。

社会保障関係費は、ほぼ高齢者人口の増加に比例して増加します。国の一般会計の社会保障関係費のＧＤＰに対する比率を見ると、２００５年度に４・０％であったものが、10年度には５・７％に上昇しました。15年度には６・２％にまで上昇しています。

今後はどうなるでしょうか？

すでに見たように、65歳以上人口は、今後も増え続けます。したがって、社会保障制度を現状のままとしても、社会保障関係費の対ＧＤＰ比は上昇せざるをえません。

このため、現在の制度が破綻する危険があります。破綻しないとしても、財政的に大きな負担となるのです。

社会保障のための負担増は真剣に考えられていない

話を単純にするために、社会保障の受給者は65歳以上人口であり、費用の負担者は15～64歳人口であるとしましょう（実際には、65歳以上も、税負担などを通じて負担を負っていますが、簡単化のためにこう考えます）。

すると、2015年から40年までに、支出が15・8%増加し、負担者が22・7%減少することになりますから、保険料率や税率は約1・5倍にならなければならないはずです。

ところで、こうしたことは、政府の将来見通しに反映されているでしょうか?

政府の見通しとしては、年金については「財政検証」があり、全体像については「中長期の経済財政に関する試算」があります。このどちらにおいても、消費税の税率は10%まで引き上げられるとされていますが、それ以上の引き上げは考えられていません。

財政検証を見ると、厚生年金の保険料率は15年の17・828%から40年の18・300%まで引き上げられるものの、それ以降は引き上げられないこととされています。国庫負担が財政全体の中でどうなるかは分からないのですが、とくに大きな問題が生じるとは指摘されていません。

非現実的な仮定に立脚した楽観的見通し

財政検証の結果が右のようになるのは、2つの理由によります。

第1は、マクロ経済スライドという措置により、年金額を毎年0・9%ずつ減額するとされているからです。これにより、所得代替率(現役世代の平均的な所得に対する年金額の比率)は、2015年の62・0%から40年には52・5%に低下することになっています。

第2に、裁定された年金（年金受給開始時に決定された年金）の名目額は実質賃金の上昇にはスライドしないため、実質賃金上昇率が高い経済では、時間が経つにつれて、実質価値が低下するとされているからです（他方で、保険料や税収は実質賃金が上昇すれば増加するので、財政事情は好転します）。

しかし、これらは、実質賃金が上昇するために可能になることなのです（財政検証のケースAでは、実質賃金上昇率として年率2・3％というきわめて高い値が想定されています。他のケースでも高い値が想定されています。経済全体がマイナス成長になる場合でも、実質賃金上昇率はプラスになるという非現実的な仮定が置かれているのです）。

ところが、マクロ経済スライドは、年金額を削減する場合には実行されないこととされています。実際には、財政検証が仮定しているような高い実質賃金上昇率は実現できないので、実行できないでしょう。

実質賃金上昇による年金実質価値の低下も実現しないでしょう。こうして、マクロ経済スライドも実質額調整もできず、年金額は増加し、したがって給付の削減や負担率の引き上げが必要になる可能性が高いのです。

医療費については、自己負担率をこれ以上引き上げることは難しいでしょう。他方で高額医療の進歩によって、医療費がさらに増えることも考えられます。したがって、国庫負担は増加すると考えられます。

以上を考慮すると、消費税率を10%以上に引き上げる必要が生じる可能性が高いのです。仮に受給者数と負担者数の変化に応じた引き上げが必要になるとすれば、税率を40年までに1・5倍に引き上げて15%とし、その後もさらに引き上げる必要があるでしょう。

社会保障の財源は消費税だけではない

社会保障の財源は、消費税だけではありません。公平の観点から言えば、所得税や相続税の強化が考えられるべきです。

税以外の方法もあります。まず、自己負担の増加です。ただし、実際には政治的な抵抗が強いので、「取れるところから取る」ということになってしまいます。

自己負担に関してとくに問題なのは、高齢者の「所得」だけに着目して負担増が行なわれることです。これでは、公平性が阻害されるだけでなく、高齢者の就労意欲を阻害してしまいます。必要なのは、「資産」にも着目した自己負担です。

資産課税の強化と自己負担増の組み合わせも考えられます。そのためには、まず課税当局が金融資産保有状況を正確に捕捉する必要があります。また、「リバースモーゲッジ」のように、不動産を保有したままで、それを担保として現金を得られる仕組みを拡充する必要もあります。

外国人労働者や移民の受け入れも、社会保障財政を好転させます。労働年齢に達している外国人労働者や移民からは、税・社会保障負担を徴収できるからです。

すでに見たように、日本でも外国人労働者は増加しています。それを正式に移民として認めて、社会保障制度の枠組みに取り入れてゆくことが必要なのです。

以上で述べた施策は、社会構造の大きな転換を必要とします。それらは、社会保障の枠内だけでは完結しない問題です。

単なる負担増、給付減でなく、システムの効率化を考えることも必要です。

例えば、ＡＩ（人工知能）の導入による医療の自動化などです。また、病院の事務的な情報処理は著しく遅れているので、ＩＴ（情報技術）の導入により、効率を大幅に向上させることができるはずです。

人々は負担構造の明確化を求めている

増大する社会保障費の財源をどうするかは、国民の誰もが強い関心を持つ、きわめて重要な政策課題です。

「痛みを伴う政策論議は、できれば避ける」というのは昔からなされてきたことで、いまに始まったことではありません。

日本の選挙では、議席を取ることが最優先の課題です。本来は、政策実現のために政権を取るのですが、日本では政権を取ることが目標であって、政策は飾りとして必要なだけです。

ところが、以上で述べたことに関して、人々の意識は変化してきています。

これまでであれば、負担を示さずに新施策を示せば、人々はそれを歓迎すると考えられていました。しかし、「痛みを伴わない施策は維持できない」という認識が、一般的なものになってきています。

新しい政策だけではありません。現在の社会保障制度自体の継続可能性について、大きな不安を持つ人が増えています。現役世代は、年金支給開始年齢が70歳に引き上げられるのは、ありうることと考えています。

他方で、現在の職場で70歳まで就労を続けるのは難しい、とも考えています。高齢者は、十分な医療や介護のサービスを将来受けられるかどうかについて、強い不安を抱いています。

こうして、現在の仕組みを維持するために、負担の構造をはっきりさせてもらいたいと考える人が多くなっています。「いまの仕組みには無駄が多いから、それを見直せば財源は出てくる」、あるいは、「財政再建を延期したところで問題は起こらない」というようなごまかしは、通用しなくなってきています。人々は、社会保障財源問題に関する明確な選択肢を提示してほしいと望んでいます。もはや、国民は政治家の無責任を許さない時代になってきているのです。

それにもかかわらず、日本の政治は、その要求に応えていません。

4　世界経済の構造変化への対処

大きく変貌する中国

第2章でも述べたように、世界は大きく変わっています。とくに大きく変貌しているのは、中国です。

中国のGDPはすでに日本を上回っており、現在、世界2位の経済大国です。日本の貿易相手国としても、中国はいまや世界最大です。

したがって、今後の日本経済にとって中国がきわめて重要な意味を持っていることは疑いありません。

日本人は、「中国製」と聞くと、100円ショップに並ぶ雑貨品を思い出し、低賃金の労働者をこき使う工場で作られた「安い粗悪品」というイメージを持ちます。そうした面がいままであることは否定できません。賃金も、上昇しつつあるとはいえ、先進国の水準とは大きな差があります。

20年前であれば、それが中国の一般的な姿でした。しかし、そうした状況は、急速に変わっているのです。後で見るように、日本と中国の所得格差も今後急速に縮まってゆくでしょう。

IT分野でのめざましい発展

中国のIT産業を支配しているBaidu《バイドゥ》（百度）、Alibaba《アリババ》（阿里巴巴）、Tencent《テンセント》（騰訊）はよく知られています。これら3社は、頭文字をとって「BAT《バット》」と呼ばれます。バイドゥは検索とAI（人工知能）技術、アリババはEコマース、テンセントはソーシャル・ネットワーキング・サービスをそれぞれ提供しています。

最近では、新しいサービスがつぎつぎと誕生し、それが急速に市民生活に浸透して、中国社会を変えつつあります。例えばアリババの子会社が発行するアリペイという電子マネーは、中国で広く普及しています。

また、ビッグデータを活用できる点でも、BATは有利な立場にあります。ビッグデータは、AIの発展には不可欠です。AIを用いた自動車の自動運転が近い将来に可能になることを考えると、このことの意味は、きわめて大きいと言えます。

中国の基礎研究力の向上

中国の基礎研究力の向上には、目を見張るものがあります。実際、基礎研究の分野でも、日中逆転現象が生じています。

これは、日本と中国の論文数の推移に明瞭に現れています。1990年代には、日本の論文数は高い増加率で伸びました。しかし、2000年代になって増加率は低下し、世界平均を大きく下回るようになったのですが、この間に中国の論文数は大幅に増加したのです。

全米科学財団（NSF）が18年1月に発表した16年の論文数世界ランキングで、1位は中国でした（2位がアメリカ、日本は6位）。95年から05年頃までは、アメリカが世界1位で、日本は2位でした。論文総数が減少傾向にあるのは日本だけなので、日中の差は、今後ますます広がるでしょう。

高等教育に関しても、中国はすでに高い水準に達しています。

イギリスの教育専門誌タイムズ・ハイヤー・エデュケーション（THE）が18年の9月26日に発表した「世界大学ランキング」の最新版（19年版）では、アジア1位は中国の清華大学（世界22位）でした。東京大学は世界42位。100位までだと、日本が2大学（東京大学と65位の京都大学）で中国が3大学と拮抗《きっこう》していますが、200位までだと、日本は2大学ですが、中国は7大学と、中国のほうが多くなります。

U. S. News & World Report 誌のコンピュータサイエンス大学院の世界ランキングで、1位は中国の清華大学です。日本の1位は東大ですが、世界では91位です。

80年代に、一橋大学の私のゼミナールで、中国からの研修生を受け入れたことがあります。彼は70年代の文化大革命の時代に学齢期にあった世代だったので、基礎的な学力がほとんどなく、どう教えたらよいのか、まったく途方に暮れてしまいました。

ところが、第4章の3で述べたように、04年にスタンフォード大学に客員教授として赴任したときには、私のクラスに、バーリンホウ世代のきわめて能力が高い中国の学生が来て、驚嘆しました。こうした人たちが、いまや中国を担っているのです。

2040年には中国が世界一の経済大国に

将来を見ると、さらに大きな変化が予想されます。

IMFは、世界各国の将来の成長を予測していますが、名目GDP（国内総生産）成長率は、2017～23年平均で、中国9・83％、日本2・72％、アメリカ3・86％となっています。

将来もこの成長率が継続するとして、40年までを推計してみると、結果は図表9−7のとおりです。

図表9-7　名目GDP(国内総生産)の推移

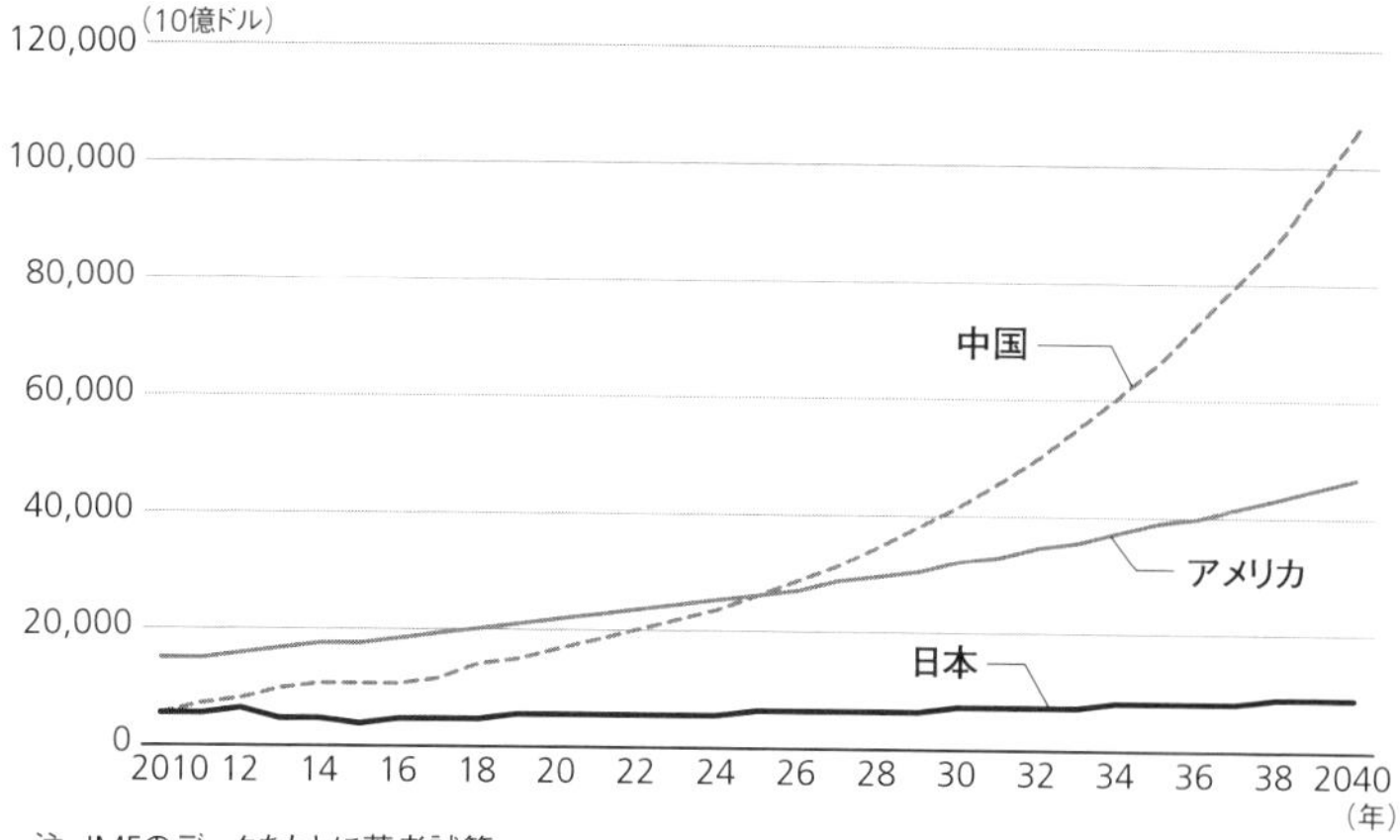

注：IMFのデータをもとに著者試算

中国のGDPは、10年には日本とほぼ同じだったのですが、その後日本を抜きました。18年では、日本の2・7倍くらいです。40年には、日本の11倍を超えます。

中国は10年にはアメリカの約4割でしたが、26年頃にアメリカを抜き、40年にはアメリカの2・3倍程度になると予測されます。

一人当たりGDPではどうでしょうか？ 17〜23年平均の成長率は、中国9・40%、日本3・05%、アメリカ3・21%となっています。

将来もこの成長率が継続するとして、40年までを推計してみると、結果は、図表9-8のとおりです。

中国の一人当たりGDPは、10年には日本の10分の1程度だったのですが、18年には、日本の4分の1程度になりました。その後も日中の差は縮

図表9-8　一人当たりGDP（国内総生産）の推移

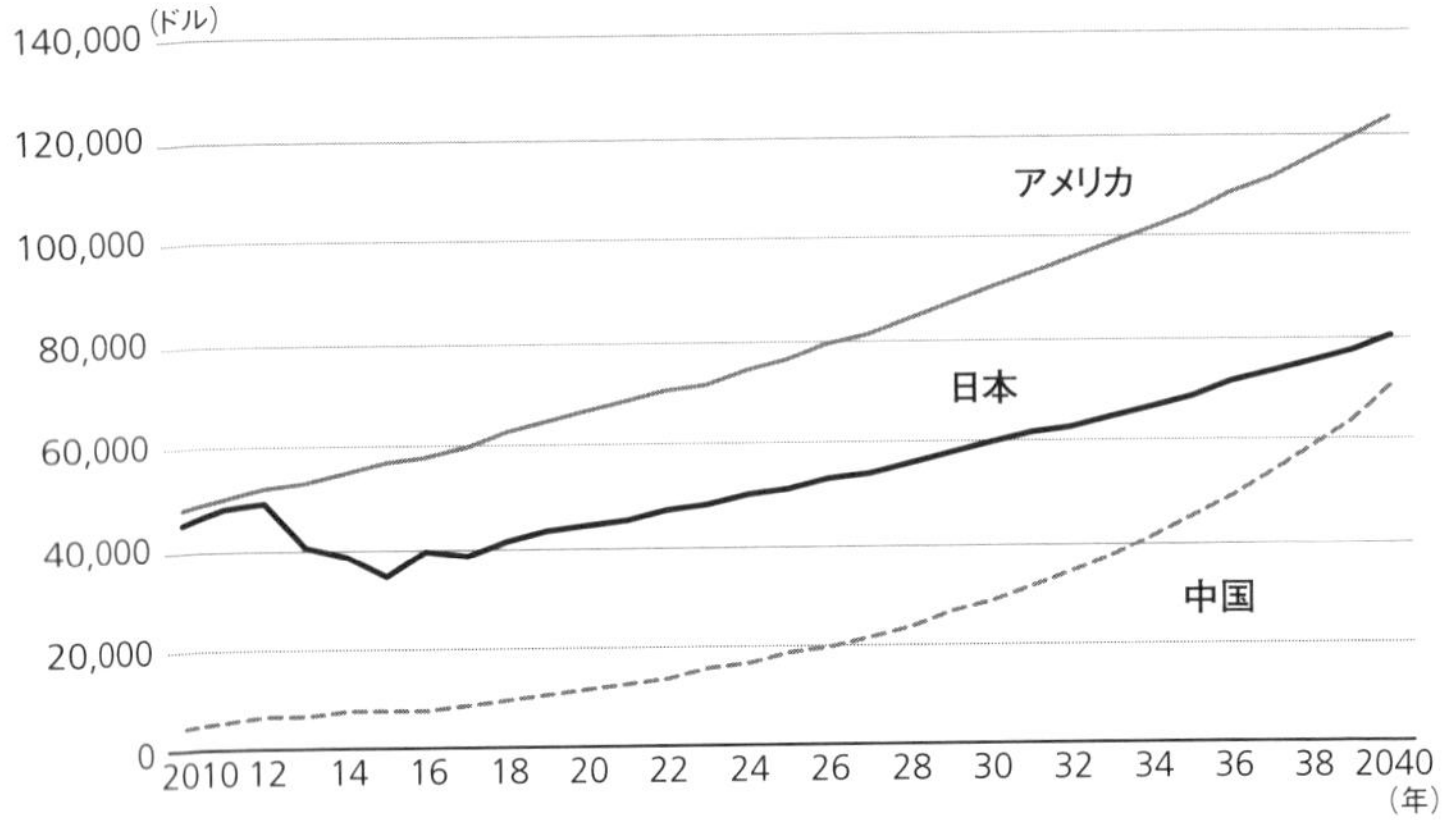

注：IMFのデータをもとに著者試算

まり、30年には日本の約半分、そして40年には日本の約87%にまで上昇すると考えられます。ただし、アメリカに比べると、40年でも約半分です。なお、日本もアメリカの65%程度になると予測されます。

日本と一人当たりGDPがほぼ同じで、GDPが日本の10倍という経済大国が、日本の隣に出現することになります。これは、われわれの常識を超える世界です。

5　新しい産業の登場が鍵

世界が変わってしまった

これまで述べてきたように、問題は、日本が情報技術において弱いことです。このことは、経済をリードする企業を見ると明らかです。

アメリカ企業の時価総額ランキングで、つい最近まで、5位まではすべてIT関係の企業でした（フェイスブックの時価総額が減少したため、順位が若干変わりました）。

これらの企業を総称するのに、「GAFA」という言葉がしばしば使われます。これは、グーグル、アップル、フェイスブック、アマゾンのことです（中国のアリババを加えて、GAFAAと呼ばれることもあります）。

これらの企業は、新しい情報技術をもとにした新しいビジネスモデルを開発したことによって、従来の企業を乗り越えました。そして、従来の企業が担当していた分野を塗り替えています。

アップルは製造業ですが、iPhone という新しい製品を開発し、世界的水平分業という新しい生産方式を確立することによって、新しい製造業のビジネスモデルを切り開きました。

グーグルは、広告収入によって支えられているという意味では広告業ですが、「検索連動広告」という新しい広告方式を用いることによって、従来の広告代理店とはまったく異なるビジネスモデルを確立しました。フェイスブックも新しいタイプの広告業です。SNS（ソーシャル・ネットワーキング・サービス）という新しい方式で個人情報を集め、それをもとに広告を行なっています。アマゾンは、流通業ですが、ウェブショップであり、従来の流通業とはまったく異なるビジネスを行なっています。

これらの企業のほとんどが、20年前には存在しなかったか、存在しても小企業でした。従来の企業とは異なる企業文化を持ち、イノベーションを先導したのです。これらは、IT革命の勝者です。過去20～30年程度の期間のアメリカ経済は、こうした企業の成長に支えられてきました。

新しい産業が必要

日本経済の不調は、景気循環的なものではありません。したがって、金融政策で対処できるものではありません。実際、1999年のゼロ金利政策、2001年以降の量的緩和政策、そして13年以降の異次元金融緩和政策と、次々に金融緩和政策を行なったにもかかわらず、日本経済の不調は継続しています。

そこから脱却するには、企業のビジネスモデルを転換する必要があります。

製造業であれば、製品の企画段階や販売段階に集中し、実際の生産は新興国の労働を活用して行なうべきです。さらに、日本の産業構造を根本から転換し、脱工業化を図ることが必要です。

さらに、新しい生産性が高い産業が登場する必要があります。アメリカのGAFAのような企業です。それがなければ、賃金が上昇し、経済が活性化することはありません。

GAFAは、豊富なビッグデータを手に入れられる世界で数少ない企業です。AI（人工知能）はビッグデータを用いることから、ビッグデータを取得できる企業が、そのデータを活用することによって未来を開くと考えられます。

先進国の命運を決めたのは、このような流れに対応して産業構造を情報分野中心に切り替えられたか、それとも製造業に執着したかです。切り替えられたのがアメリカ、イギリス、アイルランドなどであり、切り替えられなかったのが、日本とヨーロッパ大陸の諸国なのです。

変化を阻止するもの

しかし、転換には、大きな摩擦が伴います。これまでのビジネスモデルや産業構造をなんとか維持したいという圧力が働くからです。こうして、産業構造の転換がいつになっても実現しません。

これこそが、日本経済を20年以上の期間にわたって停滞させた基本的な原因です。日本は、いまこそ、こうした考えから脱却する必要があります。

経済構造の改革は、きわめて困難な課題であるばかりでなく、取り組んでも目先の情勢に即時的な効果を及ぼすことはできません。このため、「とにかく目の前の緊急課題が優先だ」として、これまで日本は円安政策に依存してきたのです。

こうしたその場しのぎの弥縫策《びほうさく》が行き着いた先が、現在の状況です。われわれはいま、日本経済の置かれた状況を直視し、目先の状況を変えることではなく、基本的な構造の改革を考えなければなりません。「金融緩和や円安で景気回復すればよい」という考えがある限り、日本に未来はないのです。

生産性の高い新しい産業が登場するのでない限り、どんな施策をとっても、成長に結び付くことはないでしょう。

先進国が高度なサービス業を中心に成長する中で、日本は立ち遅れています。政府の成長戦略に見られる製造業復活路線を捨て、サービス業の生産性を高めることが急務です。

日本の場合には、製造業が製造部門を切り離して新興国企業に委託し、自らは開発・設計などに特化していくことが考えられます。世界的水平分業の中で、「製造業のサービス産業化」を目指すのです。

政府への依存から脱却する必要

成長を実現するのは民間企業の努力であって、政府の計画ではありません。

なぜなら、政府が特定の産業や研究分野を「成長分野」と指定して助成すると、資源配分を歪めてしまうからです。政府の判断は、正しいとは限りません。むしろ、誤っているのが普通です。ですから、かえって成長を阻害してしまうのです。

新しい産業は、市場における競争を通じて誕生します。さまざまな試みがなされ、生き残ったものが日本経済の主力産業になるのです。

政府は、産業構造再編の過程に介入すべきではありません。政府がなすべきは、規制緩和を通じて、市場の競争メカニズムを発揮させることです。

ただし、このことは、政府が何もしなくてよいことを意味するものではありません。経済成長のために政府がなすべきは、成長のための基本的条件を整備することです。

とくに重要なのが、人材（高度な専門家）の育成です。しかし、これについては、何もなされていないのが現状です。

それに加え、大学が新しい技術に対応した人材を養成していないという事情があります。日本の工学部が養成しているのは、依然として古いタイプのエンジニアなのです。日本の大学教育の構造改革が必要です。

日本にはユニコーン企業もない

ＧＡＦＡ企業は、これまでの技術革新をリードしてきました。しかし、このグループの企業はすでに巨大化し、マーケットを支配しています。これまでのような技術革新がこのグループから引き続き出てくるかどうかは、疑問です。

実は、世界は、ＧＡＦＡの時代からさらに先の、ユニコーン企業の時代に進みつつあります。「ユニコーン企業」とは、未公開で時価総額が10億ドルを超える企業です（空想上の一角獣のように、「ありえない企業」という意味で、こう呼んでいます）。

ユニコーン企業の多くはアメリカ企業ですが、最近では、中国にもＩＴを駆使して斬新なサービスを提供する企業が続々と生まれています。

ユニコーン企業については、いくつかのリストが作られています。

フォーチュン誌が作成するリストによって国別に見ると、アメリカ１００社、中国36社、インド7社、イギリス7社、ドイツ5社、シンガポール3社、韓国2社、フランス1社などとなっています。

分野別に見ると、今後の技術革新がどのような分野で起こるかを探ることができます。ウォール・ストリート・ジャーナルでは、全産業で149社を挙げていますが、そのリストを分野別に見ると、ソフトウエア、消費者向けインターネット、eコマース、金融、ヘルスケアの分野で、全体の約83％を占めています。つまり、ユニコーンによる技術革新は、GAFAによるのと、ほぼ同じ方向であることが分かります。

つまり、将来に向かって引き続き重要な産業は、日本が弱い分野なのです。

規制が新しい技術の利用を妨げる

ユニコーン企業が日本に生まれない大きな原因は、規制緩和が進んでいないことです。ライドシェアリングの「ウーバー」が成長したのは、アメリカのいくつかの州で「白タク」が営業できるようになったためです。ウーバーのサイトに登録しておけば、一般ドライバーでも客を乗せて走れるようになったのです。これによって、移動手段に変革がもたらされました。

しかし、日本では白タクは法律違反となるため、ウーバーのサービスは成長できません。

民泊サービスの「エアビーアンドビー」についても、同様の問題があります。民泊は日本では旅館業法に触れます。規制は徐々に緩和されつつはありますが、決して十分ではありません。

金融業界に技術革新をもたらすフィンテックを日本に導入しようとすると、壁はさらに厚くなります。銀行はきわめて強い産業であり、スタートアップ企業が簡単に新しい金融サービスを提供できるわけではないからです。

日本経済が現在の状況から脱却するには、技術の開発が最も重要な課題です。しかし、日本は、新しいタイプの技術である情報関連技術については、得意でありません。それは、新しいタイプの企業が生まれていないことからも見て取れます。

成長のために政府がなすべき最も重要な課題は、規制緩和です。

政府が打ち出す成長戦略には、決まり文句のように「規制緩和」が明記されています。しかし、規制緩和と言われるものの多くは表面的なものであり、既得権者の利益を覆すようなものではありません。

過去の遅れを取り戻せないのは、既得権益集団が足を引っ張るからです。社会構造転換のためには、過去に成功した勢力の影響力をどのように縮小するかが、重要なポイントです。

社会を変えるためには、新しいサービスや新しい事業主体が必要だということを、国民が認識しなければなりません。そうでなければ、規制の仕組みは、いつまで経ってもいまのままで変わりません。逆に言えば、これらが変われば、日本経済は大きく変わる可能性を秘めているのです。

日本人はもっと海外に出るべきだ

私たちの世代では、日本人はずいぶん海外留学したのですが、いまの世代では、その意欲が減退しているように思われます。日本の若い人たちは、もっと海外留学を考えるべきです。留学生の数は減ってはいないのですが、一流大学での日本人学生は著しく減少しています。これは、第4章の3で述べたとおりです。この状況を変えるべきです。

そして、もっと海外に出てゆき、海外で働くことを考えるべきです。

韓国からは、潘基《パンギ》文《ムン》前国連事務総長、ジム・ヨン・キム世界銀行総裁など、国際社会で活躍する人が輩出しています（ジム・ヨン・キムは、5歳のときにアメリカに移住）。それに比べると、日本人は見劣りがします。

若い人たちの中で海外で仕事をしようと考えている人は、日本では非常に少ないように見受けられます。就職といえば、最初から国内での就職しか頭になく、海外での就職はほとんど選択肢に入っていないのです。

外国で仕事をすることが考えられていないわけではないのですが、そのための方法として推奨されているのは、日本の会社に就職して外国駐在員になることです。そうすれば、渡航や住居に関わる費用・手続きは会社持ちとなるし、ビザの取得も会社がやってくれます。こうして、安全に外国での勤務ができます。しかし、外国の地場企業に就職しようとは考えません。

つまり、「会社」というカプセルに入り、その庇護《ひご》の下で外国で働くという方法が、日本人には適しているというわけです。独力で知らない土地で働くのは無理だという判断です。

中国での状況は、これとは大分違います。「知乎《ちこ》」という中国のQ&Aサイトを見ると、「外国で留学し働きたいのだが、どうしたらよいのか?」という質問がたくさん見受けられます。

IT関係の専門職につきたいと考えている人が多くいます。

それについての詳細な情報やノウハウが、多数提供されています。中国の若い人々は、海外で働くことにきわめて積極的です。それを、キャリア形成の一つの過程として考えています。

中国の若者は、日本の若者よりはるかにグローバルです。これまでもそうでした。アメリカに留学後、H－1Bビザ(高度な専門知識を要する職業に就くための就労ビザ。学士以上の学位保持者が対象)を取得し、アメリカに留まって就労した中国人が、IT革命の実現に果たした役割が大きいといわれています。

そうした人々が中国に戻って、中国でのIT産業の発展を実現したと考えられます。中国国内でそうした人々を受け入れ、活用したという点も重要です。

外に向かって開かれた国になることによって、国が活性化するのです。本章の2で、移民を受け入れる必要性を論じました。人材面で開かれた国になるとは、外国人を受け入れること、自国民が外国に進出すること、そして戻ってきた人々を社会が受け入れることです。

これからの日本で、そうした状況をなんとか実現できないものでしょうか？

「ベイズのアプローチ」を信じよう！

厚生労働省が発表した「平成29年簡易生命表」によれば、日本人男性の「平均寿命」は、81・09歳です。

これを見ると、私の命はあと数年で尽きてしまうような気がしてしまうのですが、よくよく説明を読めば、そうではないことが分かります。

平均寿命とは、0歳の人が将来を見通した場合に、平均してどのくらい生きられるかを示すものだからです。

ある年齢の人が将来どれだけ生きられるかは、年齢ごとに異なる「平均余命」という数字で示されています。78歳の場合には約10年です。つまり、もうじき78歳になる私は、平均すれば88歳まで生きられることになります。

88歳まで生きられれば、その歳《とし》の平均余命は約5年なので、さらに5年間生きられます。平均余命は、100歳を超えても0になることはありません。

ある歳まで生きたことを前提にすれば、平均寿命よりはずっと長い期間生きることが期待できるのです。

これは、確率論における「ベイズのアプローチ」と同じ考え方です。このアプローチによれば、ある事象に関して何も情報がない場合の確率判断は、「事前確率」によって表されます。ところが事態が明らかになるにしたがってさまざまな情報が得られ、それによって確率判断が改定されます。改定された確率は、「事後確率」と呼ばれます。

右に述べた「平均寿命」が事前確率に相当し、「平均余命」が事後確率に相当します。私は、1960年代末のアメリカ留学で「ベイズのアプローチ」を知って以来、これこそが正しい確率の考え方だと信じるようになりました。

ですから、寿命についても「ベイズのアプローチを信じよう!」と考えています。そうであれば、私は、平成のつぎの時代を、かなりの期間、生きることになるでしょう。もちろん、ただ生きているだけでは意味がありません。健康な体を維持し、なすべき課題を持っていることが大事です。

ところが、この章で述べたように、そして幸いなことに(?)、日本は平成のつぎの時代において、多くの課題を解決しなければなりません。それに少しでも役立つことができれば、と考えています。

ドストエフスキイは、小説『罪と罰』の最後を、つぎの言葉で結んでいます(米川正夫訳、河出書房、1956年)。平成の時代を終えるにあたって、私はこの言葉を思い出しています。

しかし、そこにはもう新しい物語が始まっている。(中略)一つの世界から他の世界へ移っていき、いままでまったく知らなかった新しい現実を識る物語が、始まりかかっていたのである。これは優に新しき物語の主題となり得るものであるが、しかし、本篇のこの物語はこれで一先《ひとま》ず終わった。

図表一覧

図表1-1　TOPIX(東証株価指数)の推移 ……041
図表1-2　法人企業売上高の推移 ……042
図表1-3　GDP(国内総生産)の推移 ……048
図表1-4　一人当たりGDP(国内総生産)の推移 ……048
図表1-5　為替レートの推移 ……050
図表2-1　実質経済成長率の推移 ……067
図表4-1　輸出入と貿易収支 ……130
図表7-1　所得収支と経常収支の推移 ……205
図表8-1　「マネタリーベース」と「マネーストック」の推移 ……218
図表8-2　売上高と営業利益の対前年同期比 ……226
図表8-3　営業利益の推移 ……227
図表8-4　売上高の推移 ……227
図表8-5　実質民間最終消費支出の推移 ……229
図表8-6　日銀保有国債の推移 ……233
図表9-1　従業員給与の推移 ……247
図表9-2　年齢階層別人口の推移 ……251
図表9-3　年齢階層別の人口、労働力人口、労働力率(男女計、2015年) ……253
図表9-4　将来の労働力人口(年齢階層別労働力率不変の場合) ……253
図表9-5　外国人流入者の国際比較(2016年) ……258
図表9-6　永住移民流入と人口比 ……261
図表9-7　名目GDP(国内総生産)の推移 ……273
図表9-8　一人当たりGDP(国内総生産)の推移 ……274

索引

ら

ライドシェアリング……281
乱脈融資……108
リーマン・ショック……5. 7. 161. 163. 176. 180. 181
リーマン・ブラザーズ……15. 119. 168
リカード、デイビッド……134
理財商品……184
リスクオフ……192. 220
リゾート法……39
リップルウッド・ホールディングス……112
リバースモーゲッジ……266
量的緩和政策……126. 276
量的金融緩和……85. 191
レノボ……68
連帯……10
連邦公開市場委員会(FOMC)……210
連邦住宅金融抵当公社……158
連邦抵当金庫……158
労働力需給逼迫……254
労働力人口……252
労働力不足……8. 250. 254
労働力率……252
ロシア共和国……61
炉心の冷却……200
炉心溶融……200
論文数世界ランキング……271

わ

ワイマール……64
ワイマール古典主義……65
早稲田大学……198
ワレサ議長……10
湾岸戦争……46

1〜、A〜Z

280号線……140
4兆元景気対策……181
55年体制……98
65歳以上人口……250
70歳以上の人口……250
80後……147
98シリーズ……82
AI(人工知能)……8. 267. 270. 277
AIG……168. 171
Alibaba(阿里巴巴)……270
Baidu(百度)……270
BAT……270
CDO……158. 166
CDS……168
EIE……38. 98
EMS……69. 80
EU(欧州連合)……12
FRB(米連邦準備制度理事会)……127.167. 191. 210. 230
GAFA……173. 275
GAFAA……275
Gmail……174
GNMA……158
H-1Bビザ……284
IMF……272
IPO……138
iPod……80. 132. 138. 142
IPアドレス……79
IT(情報技術)……267
IT革命……47. 73. 138. 152. 174. 276. 284
ITバブル崩壊……180
JPモルガン・チェース……166. 171
KPCB……142
M&A……169
MBS……158. 166
OECD……258
OS(基本ソフト)……80
PC(パソコン)……73. 80
PPBS……239
QE1……191
QE2……191
QE3……210
S&L(貯蓄貸付組合)……157
Tencent(騰訊)……270
USスチール……88
Windows 95……78

双子の赤字……127
物価……216
物価上昇目標……230
物価上昇率……234. 248
不動産バブル……108. 119
不動産バブル崩壊……6
不動産融資規制……10
不法就労……259
プラザ合意……34. 51. 160. 178
ブラックマンデイ……180
ブランデンブルク門……65
付利……232
不良債権……6. 84. 98
不良債権隠し……111
不良債権処分損……115
不良債権処理……116. 171. 172
不良債権の無税償却……116
ブレジネフ、レオニード……61
フレディマック……158. 167
文化大革命……66. 272
分散投資……158
文理融合……57
ベアー・スターンズ……165
平均寿命……285
平均余命……285
ベイズのアプローチ……286
北京駅……70
ヘッジファンド……119. 128
ベルリンの壁……6. 10. 60. 91
ベンチャー企業……69. 74
ベンチャーキャピタル……142
貿易収支……203. 205
貿易摩擦対策……72
法人税実効税率……115
ポータルサイト……78
細川護熙……98
北海道拓殖銀行……106
ボッコーニ大学……93
ポツダム……90
鴻海精密工業……69

ま

マイクロソフト……80
マイナス金利……224. 234
マキャベリズム……103
マクナマラ、ロバート……239
マクロ経済スライド……264
マニフェスト……197
マネー……216
マネーストック……216. 223
マネタリーベース……216
三重野康……242
三島由紀夫……242
宮崎義一……54
宮崎邦次……121
宮沢喜一……47. 50. 98
民営化……67. 135
民主党……7. 196. 207
無税償却……114. 115
無駄の排除……197
村山富市……98
メイリア、マーティン……2
メモリアルチャーチ……137
メリルリンチ……168
毛沢東……66
モーゲッジ証券……158
モーゲッジバンク……157
モーゲッジローン……157
モルガン・スタンレー……119. 169

や

山一證券……13. 104
郵政改革……135
郵政公社……135
有税償却……115
郵政選挙……135
郵政民営化……135
ユーチューブ……198
ユーロ……14
ユーロ危機……8. 190. 207. 219. 220
輸出依存型成長……7. 176
輸出主導経済……129
輸出立国……202. 206
輸出立国モデル……7
ユニコーン企業……280
預金保険機構……114
吉田昌郎……200

索引

特振法……186
特定技能……260
特別講義……198
特別公的管理……112. 113
土地資産……114
飛ばし……105. 117
トヨタ車……138. 159
トランプ、ドナルド……19. 221. 226
ドレスデン……65

な

長岡實……236
南欧国債……192. 207
南欧諸国……191. 210
ニクソンショック……82
二信組事件……98
日銀当座預金……217
日米金利差……128
日米貿易不均衡……50
日経平均株価……127. 131. 177
日中逆転……271
日本型経済システム……35
日本銀行……216. 221
日本興業銀行……109
日本債券信用銀行……109. 113
日本社会党……98
日本長期信用銀行……13. 43
日本の自動車産業……177. 185
日本の製造業……164
日本民主党……98
日本郵政株式会社……136
ニューヨーク連銀……166
年金基金……158
年金支給開始年齢……268
農民工……70
農林系金融機関……100
野澤正平……104
野田佳彦……209
ノンバンク……108

は

バーリンホウ……147. 272
百度……69
ハイ・レバレッジ……169
破綻金融機関……113
初島クラブ……43. 110
鳩山由紀夫……196
バブル……36. 96. 154
バブル的な気分……43
バブルの教訓……117
バブルの酔い……43
バブル崩壊……5. 114
パリバ銀行……164
パロアルト……137. 144. 152
潘基文……283
阪神・淡路大震災……12. 98
比較優位……134
東日本大震災……7. 16. 199
引き受け業務……169
非共産党政権……60
ビジネスモデル……46. 71. 80. 83. 118. 189. 249. 275. 277
ビッグ・ディッシュ……140
ビッグデータ……270. 277
ビッグバン……87. 119
ピッツバーグ……88
ビットコイン……214
一橋大学……56. 75. 149. 272
一人当たりGDP……35. 49. 87
百貨店売上高……45
ヒューレット・パッカード……141
評価損……232
表面利率……235
平岡公威……242
開かれた国……284
宏池会……112
華為技術(ファーウェイ・テクノロジー)……68
ファニーメイ……158. 167
ファブレス(工場なし)……132
フィンテック……282
胡同……71
フェイスブック……174. 198. 275. 276
フォックスコン……69. 80. 132
複合不況……54
福祉元年……239
福島第一原子力発電所……199
福田赳夫……237
含み損……105. 232

ストックのインフレ……193
聖域なき構造改革……135
清華大学……271
政策新人類……112
政治家の無責任……268
成熟した債権国……206
製造業救済政策……7
製造業の国内回帰……6. 131
製造業のビジネスモデル……276
製造業復活路線……278
製品輸入……188
政府依存……7. 186
セイフヘイブン……192. 220
整理回収機構……100
整理回収銀行……100
世界経済の構造変化……85. 269
世界大学ランキング……271
世界的水平分業……275. 279
世界の分業体制……133
石油ショック……34
セコイアキャピタル……142
ゼロ金利政策……126. 276
先端科学技術研究センター……57
先端経済工学研究センター……56
先端研……79. 149
総括検証……223
総選挙……196. 209
相場操縦……105
ソ連……6. 11. 60. 120
損失補塡発覚……11
ゾンビ企業……259

た

第1次円高ショック……81
第2次円高ショック……51. 81
対外資産……205
大韓航空機撃墜事件……120
対岸の火事……166. 172
対中輸出……181
タイムズ・ハイヤー・エデュケーション(THE)……271
竹内―長岡ライン……237
竹内道雄……237. 242
多国籍軍……46
脱工業化……72. 187. 277
田中角栄……237
チェルノブイリ原発事故……120. 200
地価……41
地下鉄サリン事件……12. 70. 98
中国……4. 249
中国からの留学生……147
中国製……269
中国の基礎研究力の向上……271
中国の急速な成長……249
中国の景気拡大策……180
中国の工業化……6. 46
中長期の経済財政に関する試算……264
長期金利……55
長期金利の二極化……192
長期信用銀行制度……119
長期信用銀行法……109
直接介入……207
チョン・キョンファ……213
追加金融緩和……221
通信コスト……73
抵抗勢力……135
出稼ぎ労働……259
デカップリング……166
鉄鋼生産量……68. 131
デトロイト……35. 88
デフレ……52. 85. 246
デルコンピュータ……80
テレビ生産の巨大工場……131
天安門事件……10
電子マネー……270
テンセント……174
ドイツ再統一……10
投機……156. 165. 214. 219
東京共同銀行……99
東京協和信用組合……98
東京大学……56. 271
東京大空襲……92
東京電力……199
投資銀行……108. 119
投資銀行モデル……168. 177
同時多発テロ……94
東証株価指数……41
鄧小平……66
投資立国……204

索引

コンパック …… 80. 81
コンパックショック …… 80. 81

さ

財価格のインフレ …… 193
再証券化 …… 158
財政赤字 …… 235
財政計画 …… 239
財政検証 …… 251. 264
財政再建 …… 197
財政投融資制度 …… 135
サッチャー、マーガレット …… 86
砂漠の嵐作戦 …… 11
サブプライムローン …… 157
三一重工 …… 69
産業構造 …… 72. 248
産業構造の転換 …… 68. 278
産業構造の変革 …… 188
三党合意 …… 209
時価総額ランキング …… 275
事業仕分け …… 197
資金需要 …… 218. 224
資金循環 …… 160
自己負担 …… 266
自己負担率 …… 265
資産価格のバブル …… 193
資産課税 …… 266
自主廃業 …… 106
事前確率 …… 286
実質為替レート …… 94
実質金利 …… 234
実質経済成長率 …… 68
実質GDP …… 246
実質実効為替レート …… 51. 178. 208. 247
実質消費 …… 228
実質賃金 …… 229. 265
失敗の時代 …… 3. 47
自動車産業 …… 88. 160
自動車産業の衰退 …… 160
自動車製造 …… 68
資本注入 …… 172
資本輸出 …… 159
シャープ …… 132. 190
社会主義国 …… 60
社会保障経費 …… 239
社会保障支出 …… 8. 249. 251
シャドーバンキング …… 183
ジャパンマネー …… 38
就業者 …… 253
住専(住宅金融専門会社) …… 100
住専国会 …… 101
住専処理 …… 101. 114
従属人口 …… 251
住宅価格のバブル …… 7. 182
住宅ローン …… 157. 161
住宅ローン担保証券 …… 158
自由党 …… 98
自由民主党 …… 98
出生率 …… 251
出入国管理法 …… 259
ジュリアナ東京 …… 11. 43
奨学金 …… 211
証券化 …… 157
証券化商品 …… 7. 165
消費者物価指数 …… 52
消費税 …… 10. 209. 228
消費税の税率 …… 264
消費税率の引き上げ …… 251
情報技術 …… 230. 275
将来人口推計 …… 250
ブッシュ、ジョージ …… 10. 47
女性の労働力率 …… 256
所得収支 …… 205
所得代替率 …… 264
ショルダーフォン …… 75
シリコンバレー …… 74. 137. 145. 152
白タク …… 281
新興工業国 …… 66
人口高齢化 …… 8
新興国の工業化 …… 47. 56. 71. 83
人材 …… 213. 262. 279
新生銀行 …… 113
垂直統合 …… 79. 132. 189
水平分業 …… 80. 131. 132. 160. 189
スケープゴート …… 120. 123
スタインベック、ジョン …… 137
スタンフォード大学 …… 136. 140
スタンフォード、リーランド …… 140

為替レート……49. 225. 247
韓国……148
菅直人……197
官僚統制……186
機関投資家……158
企業再生支援機構……185
企業文化……276
企業利益……5. 42
技術流出……132
規制緩和……135. 279. 281. 282
既得権者……282
技能実習生……259
キャッシュアウト・リファイナンス……159. 161. 176
共同債権買取機構……99
巨大工場……189
金価格……167
緊急経済安定化法……169
銀行に対する補助金……116
銀行離れ……108
銀行持ち株会社……169
金融緩和……55. 85. 161. 188
金融緩和からの出口……230
金融緩和競争……210
金融緩和政策……170. 276
金融機関の破綻……98. 126
金融規制緩和……119
金融機能再生緊急措置法……112
金融機能早期健全化緊急措置法……112
金融国会……112
金融再生関連法……112
金融政策……126. 218. 276
金融大崩壊……6
グーグル……74. 78. 138. 142. 160. 174. 275. 276
グーグル・ストリート・ビュー……145
グーグルプレックス……142
クラウディングアウト……55
グラス＝スティーガル法……119
グリーンスパン、アラン……127. 180
クリントン、ビル……11. 50
クレジット・クランチ……54
クレムリン……62
軍需産業……139
計画停電……202
経済大国……34. 269. 274
経済停滞……55. 248
経済特区……66
経常黒字国……160
経常収支……159
ゲーテ……65
劇場型政治……135
健康医療産業……89
検索連動広告……276
原子力発電……201
原子炉停止……200
ケンブリッジ大学……87
原油価格……165. 167. 222. 226
小泉改革……134
小泉純一郎……134
高額医療……265
工業製品の価格……83
鉱工業生産指数……42
公示地価……36
構造転換……49
構造変化……81. 82. 83. 188. 190
公的年金……251
高度サービス産業……72
高度成長……119
高度成長期……186
購買力……51. 247
高齢化……205. 249. 251
高齢化社会……209
高齢者……250. 263
ゴールドマン・サックス……119. 169. 171
ゴールドラッシュ……138
ゴーン、カルロス……212
国際収支……205
国際的な資本移動……129
国債費……236
国民機……82
国有化……112
国有企業の改革……67
心地よい円安……6. 131
子ども手当……197
コモディティ……134
雇用調整助成金……185
ゴルバチョフ、ミハイル……60
ゴルフ場開発……96. 99

索引

あ

愛知揆一 242
アウトバーン 63. 92
悪夢のシナリオ 236
アジア通貨危機 53. 180
アジアNIES 66
麻生太郎 172
アップル 69. 72. 84. 132. 138. 142. 160. 174. 189. 275
安倍晋三 220
アベノミクス 8. 219. 225
アマゾン 74. 78. 174. 275. 276
アメリカ金融危機 164
アメリカの大学 90
アメリカン・インターナショナル・グループ 168
アリババ 69. 174
アリペイ 270
イギリス 86
異次元金融緩和 8. 17. 210. 216. 276
石坂泰三 186
磯田一郎 97
一時国有化 112
一時的な労働者 259
偽りの回復 5. 6. 173
イトマン 11
イノベーション 276
移民 252. 258. 260. 267. 284
イラク軍 10. 43
イラク戦争 14. 127
医療・介護部門の就業者 254
医療産業都市 90
医療費 265
インターネット 6. 73. 144. 198
インテル 80
インフレ目標 222. 223
ウィンブルドン現象 87
ウーバー 281
ウェルズ・ファーゴ 171
ウォートン・スクール 212
ウォール・ストリート・ジャーナル 281
失われた30年 3
宇宙遊泳 105
売上高 41. 130. 225. 246
エアビーアンドビー 281
営業特金 105
営業利益 52. 131. 225
永住移民の流入 260
エコカー減税 185
エコカー補助金 185
エリツィン、ボリス 11. 61
円キャリー 128. 161. 177
円高 7. 49. 81. 93. 126. 177. 207
円安 5. 128. 219. 224. 246
円安政策 188. 278
オイルショック 86. 239
欧州中央銀行(ECB) 210. 230
オウム真理教 98
大蔵官僚 102
大蔵省 237
大蔵省スキャンダル 101
大蔵省のドン 237
オックスフォード大学 87
小渕恵三 111

か

カーネギー、アンドリュー 88
カーネギー・スチール・カンパニー 88
海外留学 57. 283
改革開放 66
外国人流入者 258
外国人労働者 252. 257. 267
改ざん 103
外需依存型成長モデル 178
外需依存の景気回復 130
外需主導型 162
格安パソコン 81
貸し渋り 54
貸し出し 218. 225
過剰接待 102
仮想通貨 214
株価 5. 127. 219. 226
株式時価総額 37
亀山工場 190
借り換え 235
火力シフト 204
為替介入 6. 85. 126. 160
為替市場 207

〈著者プロフィール〉
野口悠紀雄（のぐち・ゆきお）
1940年東京生まれ。63年東京大学工学部卒業、64年大蔵省入省、72年エール大学Ph.D.（経済学博士号）を取得。一橋大学教授、東京大学教授、スタンフォード大学客員教授、早稲田大学大学院ファイナンス研究科教授などを経て、2017年9月より早稲田大学ビジネス・ファイナンス研究センター顧問。一橋大学名誉教授。専攻はファイナンス理論、日本経済論。
著書に『情報の経済理論』（東洋経済新報社、日経・経済図書文化賞）、『財政危機の構造』（東洋経済新報社、サントリー学芸賞）、『バブルの経済学』（日本経済新聞社、吉野作造賞）、『「超」整理法』（中公新書）。近著に『ブロックチェーン革命』（日本経済新聞出版社、大川出版賞）、『世界経済入門』（講談社現代新書）、『「超」独学法』（角川新書）、『入門 ビットコインとブロックチェーン』（PHPビジネス新書）、『AI 入門講座』（東京堂出版）などがある。
◆ note　https://note.mu/yukionoguchi
◆ ツイッター　https://twitter.com/yukionoguchi10
◆ 野口悠紀雄 Online　http://www.noguchi.co.jp/

平成はなぜ失敗したのか
「失われた30年」の分析

2019年2月5日　第1刷発行
2019年2月20日　第2刷発行

著　者　野口悠紀雄
発行者　見城 徹

GENTOSHA

発行所　株式会社 幻冬舎
〒151-0051　東京都渋谷区千駄ヶ谷4-9-7

電話　03(5411)6211(編集)
03(5411)6222(営業)
振替　00120-8-767643
印刷・製本所　図書印刷株式会社

検印廃止

万一、落丁乱丁のある場合は送料小社負担でお取替致します。小社宛にお送り下さい。本書の一部あるいは全部を無断で複写複製することは、法律で認められた場合を除き、著作権の侵害となります。定価はカバーに表示してあります。

© YUKIO NOGUCHI, GENTOSHA 2019
Printed in Japan
ISBN978-4-344-03425-9　C0095
幻冬舎ホームページアドレス　http://www.gentosha.co.jp/

この本に関するご意見・ご感想をメールでお寄せいただく場合は、
comment@gentosha.co.jpまで。